Alfred Dörrenbächer

Ganz einfach Chemie

Warm Up für Klausuren und Abitur 1

Atombau und chemische Bindung
Protolysen und Massenwirkungsgesetz

C. C. Buchners Verlag

Liebe Schülerin, lieber Schüler!

Sie haben sich **Ganz einfach Chemie** gekauft, einen völlig neuartig konzipierten Lerntrainer, mit dessen Hilfe Sie die gesamte Chemie der Oberstufe „aufwärmen" können.

Ganz einfach Chemie ist sowohl zum unterrichtsbegleitenden Einsatz als auch zur gezielten Vorbereitung auf Klausuren und Abiturprüfungen geeignet.

Das Buch unterscheidet sich von anderen Lernhilfen unter anderem darin, dass nicht – wie sonst oft üblich – nur Faktenwissen vermittelt wird. Vielmehr werden Ihnen auch wichtige Zusammenhänge und strategisch sinnvolle Gedankengänge aufgezeigt. Regelmäßige Wiederholungsfragen (gekennzeichnet durch) an besonders geeigneten Textstellen zeigen Ihnen, ob Sie das jeweils gerade angestrebte Lernstadium schon erreicht haben. Eine Vielzahl von Übungsaufgaben und Beispielen dient zur Vertiefung und Festigung Ihres Fachwissens. Aus pädagogischen Gründen werden Ihnen je nach Aufgabenstellung entweder Seitenhinweise zum selbstständigen und besonders effektiven Wiederholen gegeben oder konkrete, detaillierte Musterlösungen geboten.

Besonders wichtige Textpassagen sind speziell gekennzeichnet ( ). Eine genau durchdachte und daher Lernerfolg bringende Kombination von Merksätzen, Tabellen und Abbildungen erlauben Ihnen ein Intensivtraining.

Sie erkennen wichtige Quervernetzungen zwischen den verschiedenen Bereichen der Chemie, lernen also aus unterschiedlichen Blickwinkeln und nicht nur auswendig. Sie *verstehen* den Stoff!

Noch einige praktische Tipps, die Ihnen die Lernarbeit erleichtern werden.

Allgemein sollten Sie darauf achten, dass Sie *Ruhe* beim Lernen haben und durch nichts (auch nicht durch Musik Ihrer Lieblingsgruppe) abgelenkt werden.

Pausen während des Lernens sind sehr wichtig. Machen Sie ruhig zwischendurch einen kleinen Erholungsspaziergang, so viel Zeit muss bleiben.

Anschließend werden Sie in der gleichen Zeit mehr lernen können.

Ich wünsche Ihnen viel Motivation und hoffentlich auch ein bisschen „Spaß" bei der Vorbereitung von Klausuren und Abiturprüfungen. Viel Erfolg!

Alfred Dörrenbächer

Atombau und chemische Bindung 1

Protolysen und Massenwirkungsgesetz 64

Atombau und chemische Bindung

Seit dem griechischen Altertum nahm man an, dass sich alle Stoffe aus *nicht* weiter *zerlegbaren Teilchen* zusammensetzen. Diese Teilchen wurden als ***Atome***[1] bezeichnet und tragen diesen Namen bekanntlich auch heute noch.
Etwa mit Beginn des 19. Jahrhunderts entwickelte man aufgrund experimenteller Erkenntnisse verschiedene Atomvorstellungen. Man stellte Hypothesen (Erklärungsvorschläge) auf und veranschaulichte den Atombau anhand von Modellen.
Im Folgenden wollen wir die wichtigsten Etappen dieses bedeutungsvollen Weges von den anfänglichen Vorstellungen bis zur Entstehung des modernen Bildes von einem Atom nachvollziehen.

1 Veraltete Atomvorstellungen

1.1 Atomhypothese nach Dalton

Dalton deutete die *Massengesetze*[2], indem er folgende Hypothesen aufstellte:

- Die Materie ist aus unveränderlichen und nicht zerstörbaren Atomen aufgebaut.
- Atome sind winzige Kügelchen mit unvorstellbar geringer und unwägbarer Masse.
- Alle Atome eines betrachteten Elements haben die gleiche Masse.
- Atome verschiedener Elemente unterscheiden sich in ihrer Masse.
- Bei der Entstehung einer Verbindung werden Atome verschiedener Elemente miteinander kombiniert.
- Eine chemische Reaktion beruht lediglich auf der Neukombination von Atomen. Dabei werden weder Atome gebildet noch zerstört.
- Die Massenverhältnisse chemischer Reaktionen können auf Atommassenverhältnisse zurückgeführt werden.
- Wasserstoff besitzt die geringste Atommasse.

Daltons Atomhypothese lieferte keinerlei Hinweise zur inneren Struktur eines Atoms, zum Atombau.

[1] von *temnein* (griech.) = schneiden, zerteilen; von *tome* (griech.) = Schnitt; A-tom bedeutet: Unteilbares
[2] Gesetz von der Erhaltung der Masse (Antoine Laurent de Lavoisier, 1774), Gesetz der konstanten Proportionen (Joseph-Louis Proust, 1799), Gesetz der multiplen Proportionen (John Dalton, 1803)

1.2 Atommodell nach Rutherford

Im Jahr 1911 untersuchten Ernest Rutherford und seine Mitarbeiter[3] den Aufbau der Atome durch folgendes Experiment, das als ***rutherfordscher Streuversuch*** in die Geschichte der Chemie einging (Abb. 2.1).

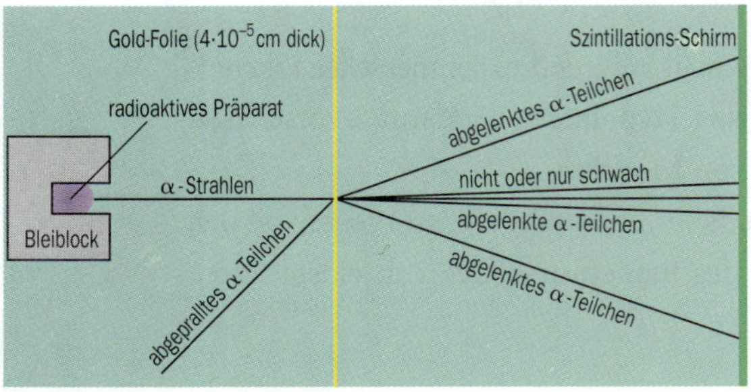

Abb. 2.1 Rutherfordscher Streuversuch

Ein in einem Bleiblock mit Austrittsöffnung befindliches radioaktives Präparat[4] diente als Quelle für sog. α-Strahlen[5], die auf eine hauchdünne Goldfolie[6] auftrafen. Mit Hilfe eines speziellen Szintillationsschirmes (Leuchtschirmes) konnten die Stellen als Leuchtpunkte bzw. -flecken identifiziert werden, an denen wenige bzw. viele α-Teilchen aufprallten.

Der Versuch lieferte folgende Ergebnisse (Abb. 2.2):

- Fast alle Teilchen durchdrangen die Goldfolie *ohne nennenswerte Abweichung.*
- Einige Teilchen wurden etwas *stärker abgelenkt.*
- Ganz wenige Teilchen[7] wurden von der Folie *reflektiert,* vergleichbar mit dem Zurückprallen zusammenstoßender Billardkugeln.

Die mathematische Auswertung der Streuversuche führte schließlich zum sog. ***Kern-Hülle-Modell*** des Atoms.

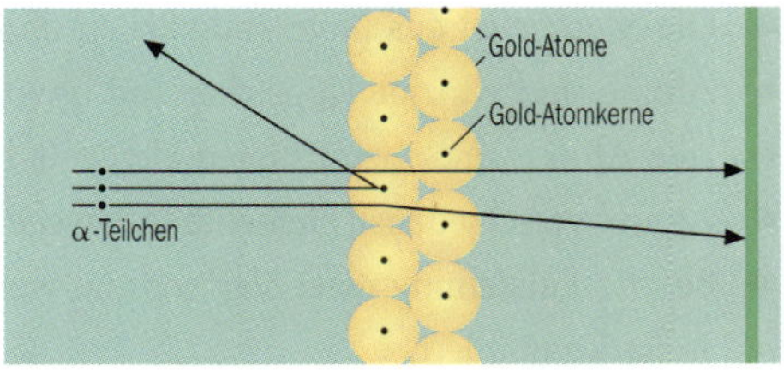

Abb. 2.2 Rutherfords Versuchsinterpretation

Das Modell basiert auf folgenden Annahmen:

- Atome bestehen zum größten Teil aus *leerem Raum,* also sozusagen aus „nichts".
- Atome enthalten in ihrem Zentrum einen winzig kleinen, positiv geladenen ***Atomkern***[8]. Er allein bestimmt praktisch die gesamte Atommasse.

[3] Ernest Marsden und Hans Geiger
[4] Radium aus Pechblende UO_2
[5] He^{2+}-Ionen mit hoher Geschwindigkeit
[6] Auch Aluminium-, Kupfer-, Silber- und Platinfolien können verwendet werden.
[7] Bei etwa einem von 20 000 Teilchen betrug der Ablenkungswinkel mehr als 90°.
Gelegentlich wurde sogar ein Teilchen völlig reflektiert, flog also in der umgekehrten Richtung wieder zurück.
[8] Stellt man sich ein Atom so groß wie ein Fußballstadion vor, so hätte der Atomkern etwa die Größe einer Fliege, die auf dem Anstoßpunkt sitzt.

- In der ***Atomhülle*** befinden sich negativ geladene, nahezu massenlose Teilchen, die ***Elektronen***.
- Da die Elektronen vom Atomkern angezogen werden, müssen sie in einer kreisenden Bewegung so schnell um den Kern fliegen, dass die dadurch entstehende Fliehkraft gleich groß ist wie die elektrostatische Anziehungskraft zwischen Kern und Elektronen.
- Bei neutralen, also ungeladenen Atomen ist die Zahl der (positiv geladenen) Protonen im Kern gleich der Zahl der (negativ geladenen) Elektronen in der Hülle.

1. Informieren Sie sich über die Begriffe Proton, Neutron, Elektron, Nukleonen, Elementarteilchen, Protonen-, Kernladungs-, Ordnungs-, Massen- und Nukleonenzahl, Isotope und Nuklide.

2. Geben Sie in einer Übersichtstabelle unter Verwendung des Periodensystems jeweils die Kernladungszahl sowie die Zahl der Schalen, der Elektronen insgesamt und der Valenzelektronen von folgenden Teilchen (Atomen bzw. Ionen) an:
Li, Na, Cl, S, Li^+, Na^+, Cl^-, S^{2-}

3. Zeichnen Sie die Schalenbilder der Atome folgender Elemente:
N, Ne, Mg, P, Ar.
Hinweis: Zum Lösen der Aufgaben können die Unterlagen aus der Mittelstufe verwendet werden.

Rutherfords Interpretation des Atombaus setzt die Anwendbarkeit der Bewegungsgesetze aus der klassischen Mechanik voraus.
Danach könnte ein Atom mit unserem Sonnensystem verglichen werden, wobei die Elektronen den kreisenden Planeten und der Atomkern der Sonne entspräche. Wir werden noch erkennen, dass diese Annahme nicht haltbar und falsch ist.

1.3 Atommodell nach Bohr

1.3.1 Kenngrößen und Eigenschaften elektromagnetischer Strahlung

Zerlegt man Sonnenlicht mit einem Glasprisma, so erhält man ein Band aus Farben in charakteristischer Anordnung und mit fließendem Übergang.
Ein derartiges Band wird als ***kontinuierliches Spektrum*** bezeichnet.

Weißes Licht hat bekanntlich ***Wellencharakter*** und setzt sich aus verschiedenen ***Spektralfarben*** zusammen (Abb. 4.1):

Abb. 4.1 Kontinuierliches Spektrum

Jede Welle ist durch ihre ***Wellenlänge*** λ (Abstand zwischen zwei Wellenbergen bzw. Wellentälern; Abb. 4.2) und durch ihre ***Frequenz f*** (Zahl der Schwingungen pro Sekunde; veraltetes Symbol: ν) gekennzeichnet.

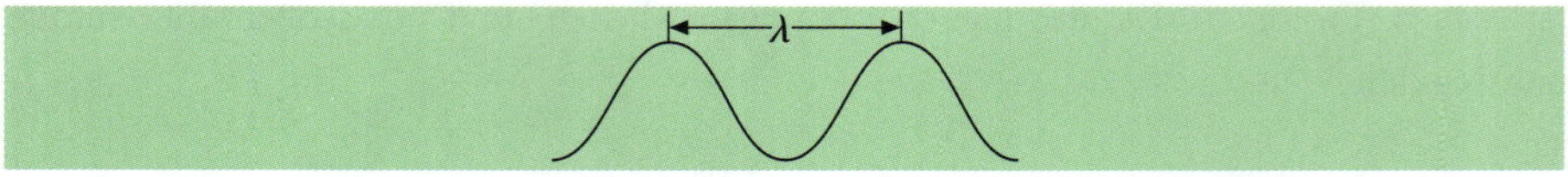

Abb. 4.2 Die Wellenlänge λ ist der Abstand zweier Wellenberge

Naturgemäß schwingt eine Welle mit großer Wellenlänge in einem betrachteten Zeitintervall weniger häufig, also mit geringerer Frequenz als eine Welle mit kleiner Wellenlänge und somit höherer Frequenz (Abb. 4.3)

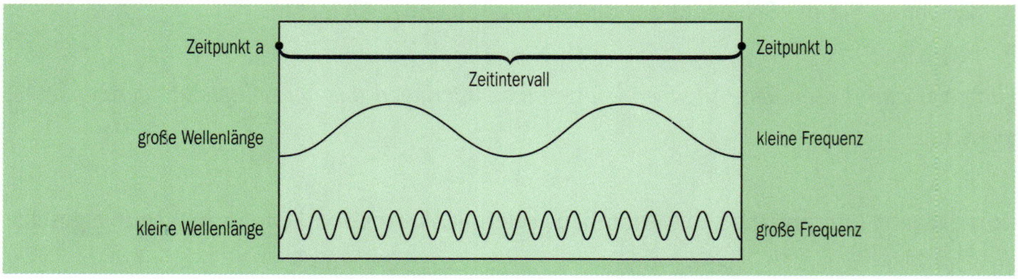

Abb. 4.3 Zusammenhang zwischen Wellenlänge und Frequenz

Aus dem Physikunterricht wissen Sie (vielleicht noch), dass *Wellenlänge λ und Frequenz f umgekehrt proportional* sind. Das Produkt aus beiden Größen ist die Lichtgeschwindigkeit *c*:

$$\lambda \cdot f = c$$

Die für unser Auge sichtbare, in verschiedenen Farben erscheinende Lichtstrahlung stellt nur einen relativ kleinen Bereich im elektromagnetischen Spektrum dar, wie Abb. 4.4 zeigt.

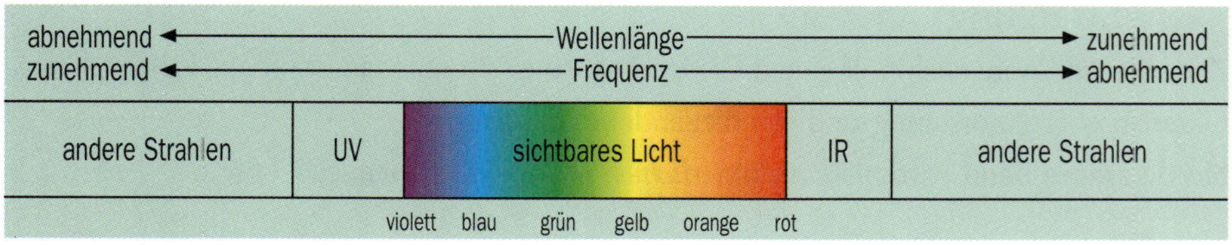

Abb. 4.4 Zusammenhänge im elektromagnetischen Spektrum

Ultraviolettes (UV-) und infrarotes (IR-) Licht sind für das menschliche Auge unsichtbar. Auf die anderen Strahlen jenseits des sichtbaren Spektrums wollen wir nicht näher eingehen, da sie für unsere Betrachtungen praktisch bedeutungslos sind.
Strahlen einer bestimmten Wellenlänge besitzen eine bestimmte Energie.
Beispielsweise ist vom Alltag her bekannt, dass eine zu lange Einwirkung von UV-Strahlung (als Bestandteil des Sonnenlichts) zu Sonnenbrand führen kann. Das recht kurzwellige UV-Licht ist so energiereich, dass es Hautverbrennungen verursacht. Filtert man durch Verwendung einer Sonnencreme mit „Lichtschutzfaktor“ das kurzwellige Licht heraus, so kann man einen Sonnenbrand kurzfristig vermeiden. Die kurzwellige UV-Strahlung ist demzufolge energiereicher als das Licht mit größerer Wellenlänge, das in diesem Falle nicht herausgefiltert wird.
Wir können also wie folgt verallgemeinern:

Je kürzer die Wellenlänge einer betrachteten Strahlung ist, umso energiereicher sind diese Strahlen.

Wiederholen Sie mit Hilfe Ihres Physikbuches die oben diskutierten physikalischen Grundlagen!

1.3.2 Atomspektren

Metalldämpfe (z. B. von Alkalimetallen) und Edelgase bestehen aus einzelnen, freien Atomen. Führt man ihnen durch Erhitzen oder durch elektrische Funken genügend Energie zu, so senden sie Licht ganz bestimmter Wellenlängen aus. Dieses Phänomen lässt sich auf recht einfache Weise untersuchen, indem man entsprechende Probesubstanzen in die nichtleuchtende Gasbrennerflamme bringt. Die Abb 5.1 zeigt einige Beispiele für solche „Flammenfärbungen“.

Abb. 5.1 Flammenfärbungen (Auswahl)

Informieren Sie sich über die im Mittelstufenunterricht behandelten Flammenfarben und fertigen Sie hierzu eine Übersichtstabelle an!

Bei der Zerlegung des ausgesandten Lichtes mit Hilfe eines Spektroskops ergibt sich kein kontinuierliches Spektrum (wie bei Sonnenlicht; vgl. Seite 4), sondern charakteristische

Wellenlängen treten in Form von ***Spektrallinien*** in Erscheinung: ein ***Linienspektrum*** wird erkennbar (Abb. 6.1).

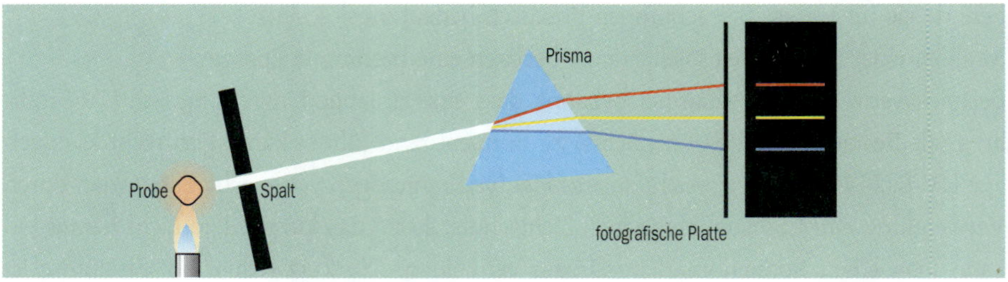

Abb. 6.1 Erzeugung eines Linienspektrums durch ein Glasprisma in einem Spektroskop

Wie die Abb. 6.1 zeigt, sind die einzelnen Farblinien eigentlich Abbilder des dünnen Spaltes, den die Strahlen der in der Brennerflamme leuchtenden Stoffprobe ursprünglich passieren mussten.

Ein solches Linienspektrum kann sowohl mit bloßem Auge betrachtet als auch zur weiteren Auswertung auf einer lichtempfindlichen Fotoplatte abgebildet werden.

Sonnenlicht enthält innerhalb eines bestimmten Bereiches alle möglichen Wellenlängen (vgl. kontinuierliches Spektrum, Abb. 4.1), während Einzel-Atome nur Licht für sie typischer Wellenlängen (vgl. Linienspektrum, Abb. 6.1) ausstrahlen.

Bei *Bestrahlung* von Edelgasen und Metall-Atomen mit weißem Licht werden interessanterweise gerade diejenigen Wellenlängen absorbiert („verschluckt"), die auch emittiert (ausgesandt) werden können. Vergleichen Sie hierzu das in Abb. 6.2 gezeigte ***Emissionsspektrum*** und ***Absorptionsspektrum*** miteinander.

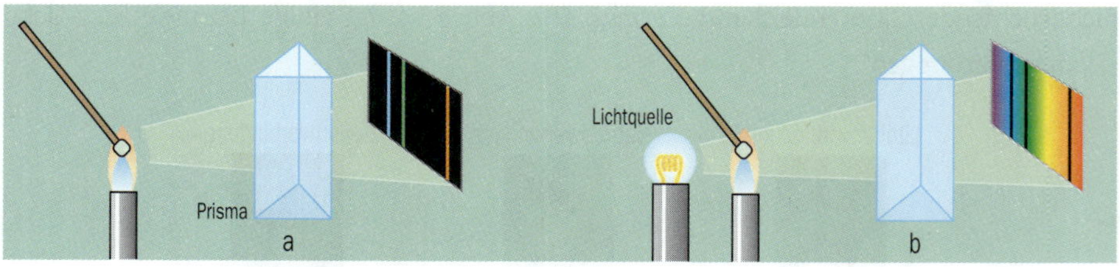

Abb. 6.2 Emissionsspektrum (a) und Absorptionsspektrum (b) derselben Stoffprobe

Bei der *Anregung von Wasserstoff (H_2)* in einer sog. Gasentladungsröhre (vgl. Physikbuch) beobachtet man ein rotes Leuchten.

Will man das Spektrum freier Wasserstoff-Atome (H) untersuchen, so müssen die üblicherweise vorliegenden zweiatomigen Wasserstoff-Moleküle (H_2) zunächst in Einzelatome zerlegt werden. Aus diesem Grund beschießt man den Wasserstoff (H_2) in einem Kolben mit energiereichen Elektronen.

Beim Zusammentreffen der Wasserstoff-Moleküle (H_2) mit den Elektronen werden die Gas-Moleküle in energiereiche Wasserstoff-Atome (H) gespalten, die Elektronen geben

also einen Teil ihrer Energie ab. Die angeregten Wasserstoff-Atome (H) gehen anschließend unter Aussendung elektromagnetischer Strahlen in einen energieärmeren Zustand über. Schließlich bilden sich die zweiatomigen Wasserstoff-Moleküle (H_2) wieder zurück.
Die folgende Abb. 7.1 zeigt die beschriebenen Einzelvorgänge im Überblick.

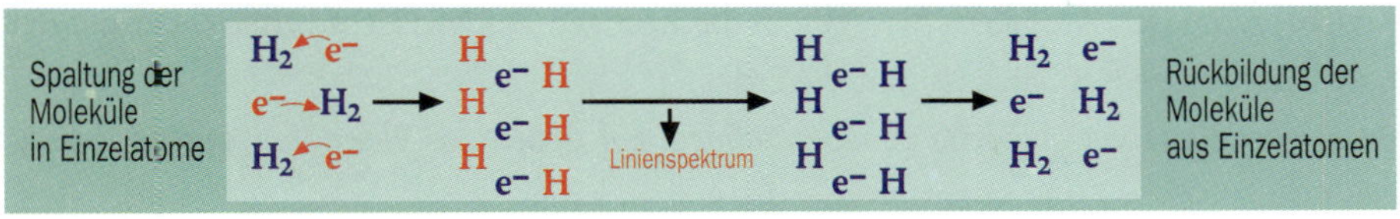

Abb. 7.1 Energiefreisetzung

e^- = energiereiches Elektron — e^- = energiearmes Elektron

H = energiereiches Wasserstoff-Atom — H = energiearmes Wasserstoff-Atom

NIELS BOHR erklärte im Jahr 1913 das Linienspektrum von Wasserstoff unter Verwendung von Ergebnissen aus der sog. ***Quantentheorie***, die kurz zuvor von MAX PLANCK und ALBERT EINSTEIN entwickelt worden war.
Eine wichtige Aussage der Quantentheorie lautet:

Energie kann nicht in beliebig kleine Portionen aufgeteilt werden.
Die kleinsten, nicht mehr teilbaren Energieportionen heißen Quanten[9].

Machen Sie sich zur Veranschaulichung folgendes Vergleichsbeispiel klar:
Wenn man Wasser aus einem Gefäß gießt, gibt es auch eine kleinste Portion (hier: Stoffportion), die (zumindest theoretisch) ausgegossen werden kann:
ein einzelnes Wasser-Molekül.

Der Energieinhalt der Quanten (z. B. Lichtquanten oder Fotonen; vgl. Physikbuch) hängt zusammen mit der Frequenz der die Energie transportierenden Strahlung. Dabei gilt:

$$E = h \cdot f$$

E = Energie, h = plancksches Wirkungsquantum[10], f = Frequenz

Da $\lambda \cdot f = c$ (vgl. S. 4) und somit $f = c / \lambda$, kann die oben zuletzt formulierte mathematische Beziehung wie folgt umgeformt werden:

$$E = h \cdot \frac{c}{\lambda}$$

[9] von *quantum* (lat.) = Menge
[10] h ist eine Naturkonstante mit dem Wert $6{,}6261 \cdot 10^{-34}$ J · s / Energiequant

Das Produkt aus den beiden Konstanten h und c ergibt eine neue Konstante, also stehen die Energie E und die Wellenlänge λ miteinander in einem direkten Zusammenhang.

BOHR ging von der Annahme aus, dass sich das Elektron im Wasserstoff-Atom auf einer Kreisbahn um den Atomkern bewegt – in der heutigen Zeit vielleicht vergleichbar mit der Bahnbewegung eines Satelliten um die Erde.
BOHR postulierte verschiedene *erlaubte Bahnen*, auf denen das Elektron – seinem jeweiligen energetischen Zustand entsprechend – *kreisen* kann.
Diese denkbaren energetischen Zustände sollten die Folge von Energieaufnahme (Erreichung eines höheren Energieniveaus) oder Energieabgabe (Erreichung eines niedrigeren Energieniveaus) sein.
Bereits im Jahr 1885 hatte JOSEPH BALMER schon im Vorfeld die Spektrallinien des sichtbaren Bereichs im Wasserstoff-Spektrum (die sog. ***BALMER-Serie***[11]) mit einer Änderung der inneren Struktur des Atoms in Verbindung gebracht.
Durch *Energiezufuhr* (Erhitzen oder Anregung mit beschleunigten Elektronen) wird diese innere Struktur eines Atoms in charakteristischer Weise verändert.
Durch *Energieabgabe* (z. B. Abstrahlung von Lichterenergie) erreicht die innere Struktur des Atoms wieder ihren ursprünglichen Zustand.
Der Unterschied im Energiegehalt zwischen dem energiereicheren (angeregten) und dem energieärmeren (weniger oder nicht angeregten) Zustand entspricht einer *Energiedifferenz* ΔE.
Der Energiebetrag ΔE kann aufgenommen und anschließend wieder abgegeben werden. Erfolgt die Energieabgabe in Form von Lichtstrahlung, so muss – wie schon gesagt – ein direkter Zusammenhang zwischen der freigesetzten Energiemenge und der Wellenlänge der ausgesandten Lichtstrahlen angenommen werden (vgl. auch S. 7);

$$\Delta E = h \cdot f \quad \text{bzw.} \quad f = \Delta E / h$$

Eine *große Energieänderung* (großer ΔE-Wert) geht einher mit der Aussendung von Licht *hoher Frequenz* (großer Betrag von f) und somit relativ kleiner Wellenlänge (vgl. S. 5). Im sichtbaren Bereich kommt in diesem Falle Blaulicht (im unsichtbaren Bereich z.B. UV-Strahlung) in Frage. Ist die Energiedifferenz zwischen dem angeregten und nichtangeregten Zustand des Atoms verhältnismäßig gering, so wird Strahlung mit relativ großer Wellenlänge und entsprechend niedriger Frequenz emittiert: sichtbares Rotlicht (bzw. unsichtbare IR-Strahlung) wird ausgesandt (vgl Abb. 8.1).

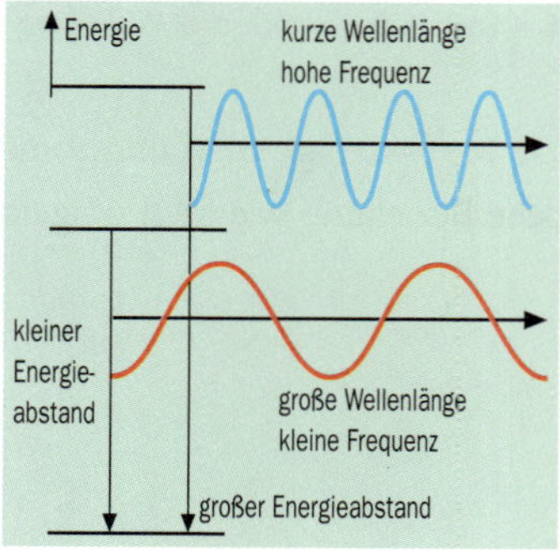

Abb. 8.1

[11] Außer der BALMER-Serie gibt es auch eine LYMAN-, PASCHEN-, BRACKETT- und PFUND-Serie (vgl. bei Bedarf in der Fachliteratur).

Bohr übertrug die oben beschriebenen physikalischen Zusammenhänge auf seine Atomvorstellungen und ordnete den bereits erwähnten Kreisbahnen des Elektrons *erlaubte Energieniveaus* zu. Den Zustand mit geringster Energie nennt man ***Grundzustand*** eines Elektrons. Die erlaubten Energieniveaus werden durch die ***Quantenzahl n*** beschrieben. Sie kann nur ganzzahlige Werte annehmen.
Für den Grundzustand gilt: $n = 1$. Bahnen auf höherem Energieniveau lassen sich durch $n = 2$, $n = 3$ etc. abstufen und charakterisieren. Mit Zunahme des Zahlenwertes von n steigt nicht nur der Energiegehalt eines Elektrons, sondern auch sein Abstand vom Atomkern.

Wir fassen zusammen:

- Nach Bohr sollte ein Atom aus dem Atomkern und einer Elektronenhülle bestehen. Um den Atomkern bewegen sich in bestimmten erlaubten Kreisbahnen Elektronen mit charakteristischem Energieinhalt.
- Nimmt ein Wasserstoff-Atom genügend viel Energie auf, so kann sein Elektron von einer kernnäheren (energieärmeren) auf eine kernfernere (energiereichere) Bahn springen.
- Fällt ein Elektron von einer äußeren auf eine weiter innen liegende Bahn zurück, so ist dieser Vorgang mit der Abstrahlung von Energie, z. B. in Form von Licht typischer Wellenlänge, verbunden.
- Die Aufnahme von relativ viel Energie hat einen großen Bahnsprung (Quantensprung) des Elektrons vom Atomkern weg zur Folge.
- Ein großer Quantensprung von einem angeregten Zustand zum Grundzustand bewirkt die Abgabe von relativ viel Energie, z. B. als kurzwellige Lichtstrahlung.

1.3.3 Beurteilung des Bohr-Modells und Konsequenzen

Das das Atommodell nach Bohr bei der Beschreibung von Elektronenbewegung und -verteilung in komplizierten Atomen und in Molekülen versagt, vermutete man einen Fehler in Bohrs Überlegungen. Er hatte wohl Recht mit seiner Annahme, dass Elektronen nur in bestimmten Energieniveaus auftreten können, dass ihre Energie also „gequantelt" ist, er irrte sich jedoch in seiner Erklärung, *wie* sich Elektronen um den Atomkern bewegen. Nach den Gesetzen der Physik ist die Bewegung eines geladenen Teilchens auf einer Kreisbahn mit der Abstrahlung von Energie in Form von elektromagnetischen Wellen verbunden. Ein Elektron müsste daher durch seinen ständigen Energieverlust wegen der hieraus resultierenden abnehmenden Bewegungsenergie irgendwann in den Kern stürzen, vergleichbar mit einem Satelliten, der wegen zu geringer Bewegungsgeschwindigkeit seine Umlaufbahn verlässt und ins Meer stürzt. Außerdem kann die Vorstellung von der Bewegung der Elektronen auf definierten Kreisbahnen auch deshalb nicht zutreffen, weil in diesem Falle Ort und Geschwindigkeit des Elektrons auf seiner Bahn zu jedem Zeitpunkt exakt

festgelegt wären. Ein Elektron kann sich jedoch nicht auf einem bestimmten Bahnpunkt befinden und sich gleichzeitig mit konstanter Geschwindigkeit auf der Bahn bewegen.
Des Weiteren blieb die Frage offen, wie ein Elektron von einer Bahn auf eine andere springen kann, wenn der Raum zwischen den Bahnen „verboten" ist.
Der Fehler in Bohrs Überlegungen ist also offensichtlich von verblüffend fundamentaler Natur.
Trotzdem waren die Ergebnisse seiner Berechnungen zweifellos ein spektakulärer Erfolg, der auch heute noch gewürdigt werden muss.

2 Das Orbitalmodell

2.1 Orbitalbegriff und Quantenzahlen

In Kap. 1.3.1 wurde der Wellencharakter des Lichtes angesprochen. Licht lässt sich jedoch auch ebenso als ein Strom von Energiepaketen – den Fotonen – interpretieren.
Louis de Broglie stellte die Hypothese auf, dass ein solcher ***Dualismus zwischen Wellen- und Teilchencharakter*** auch bei Materieteilchen angenommen werden kann und machte im Jahr 1924 den Vorschlag, Elektronen als Welle zu beschreiben. Im Jahr 1927 konnten Clinton Davisson und Lester Germer durch Experimente zeigen, dass sich Elektronen – ähnlich wie Wellen anderer Strahlenarten – an Kristallen beugen lassen. Die Auswertung dieser Beugungsversuche bestätigte die zuvor von de Broglie geäußerte Annahme einer Wellennatur des Elektrons.
Es gibt jedoch auch Hinweise auf den Teilchencharakter.
Um genauere Aussagen über die Bewegung eines Elektrons machen zu können, müssten sein *Ort und* seine *Geschwindigkeit gleichzeitig* exakt bekannt sein.
Den *Ort* eines Elektrons (hier als Teilchen betrachtet) kann man durch „Anstrahlen" mit elektromagnetischen Wellen feststellen. Die Ortsbestimmung ist umso genauer, je kleiner die Wellenlänge der verwendeten Strahlung ist. Kurzwelliges Licht ist jedoch bekanntlich sehr energiereich und beeinflusst die Bewegungsgeschwindigkeit eines Elektrons ziemlich stark. Einfacher ausgedrückt:
Das Elektron bekommt sozusagen einen Schubs – ähnlich wie ein Fußball.
Damit ergibt sich folgendes Dilemma:
Entweder man nimmt eine starke Geschwindigkeitsänderung des Elektrons in Kauf, um seinen Ort genau bestimmen zu können, oder man führt eine nur recht ungenaue Ortsbestimmung durch, verändert aber dafür die Teilchengeschwindigkeit relativ wenig.

WERNER HEISENBERG stellte im Jahr 1927 fest:

Heisenbergsche Unschärferelation:
Ort und Geschwindigkeit eines Elektrons können prinzipiell nicht gleichzeitig exakt bestimmt werden.

Teilchen von der Größe eines Elektrons können also nicht lokalisiert werden, ohne dass man ihren Zustand in nennenswerter Weise stört. Je kleiner die Masse eines Teilchens ist, desto größer ist die Unschärfe der Messung.
Das eigentliche Problem besteht allerdings nicht nur darin, dass man Ort und Geschwindigkeit eines Elektrons grundsätzlich nicht gleichzeitig exakt *bestimmen* kann. Vielmehr *hat* ein Teilchen nicht gleichzeitig einen definierten Ort und eine definierte Geschwindigkeit.
Aussagen über Aufenthaltsort und Verteilung von Elektronen können jedoch gemacht werden, indem man *Aufenthaltsräume* beschreibt, in den Elektronen mit einer bestimmten *Wahrscheinlichkeit* anzutreffen sind. Man spricht in diesem Zusammenhang von einer *Wahrscheinlichkeitsdichte.*

Räume bestimmter Aufenthaltswahrscheinlichkeit von Elektronen bezeichnet man als Orbitale[12]***.***

Im Jahr 1926 stellte ERWIN SCHRÖDINGER eine mathematische Gleichung (die so genannte ***Schrödinger-Gleichung***) auf, deren Lösungen eine Beschreibung der Orbitale des Wasserstoff-Atoms gestatteten. Er stellte fest, dass jeweils nur Orbitale mit bestimmtem Energieinhalt existieren und *leitete* die von BOHR angenommenen diskreten Energieniveaus mathematisch *ab*.
SCHRÖDINGERS Modell lässt sich leichter auf kompliziertere Atome anwenden als die Überlegungen von BOHR, die – wie gesagt – fundamentale Fehler enthielten.

Zur exakten Charakterisierung des Zustands von Elektronen werden sog. ***Quantenzahlen*** verwendet.

Quantenzahlen sind ganze oder gebrochene Zahlen, die – mit einer dimensionsbehafteten Konstanten multipliziert – zur Kennzeichnung von Energiezuständen dienen.

[12] Die oben formulierte Umschreibung des Orbitalbegriffs stellt eine Vereinfachung dar. Eigentlich versteht man unter einem Orbital eine komplizierte mathematische Funktion, die die Aufenthaltswahrscheinlichkeit eines Elektrons beschreibt. Der Begriff „Orbital" deutet noch auf die Verwandtschaft mit der von BOHR beschriebenen Kreisbahn (orbit) hin.

Nach SCHRÖDINGER lässt sich jedes Atomorbital durch drei Quantenzahlen eindeutig beschreiben: die ***Hauptquantenzahl***[13] ***n***, die ***Nebenquantenzahl l*** und die ***Magnetquantenzahl m***.

- Die *Hauptquantenzahl n* kennzeichnet die sog. ***Hauptschale***, ein Energieniveau, das sich nach experimentellen Befunden weiter aufgliedern lässt[14]. Die Hauptschalen tragen zu ihrer Unterscheidung spezielle Bezeichnungen und bestehen – wie an späterer Stelle noch genauer erläutert wird – aus einer charakteristischen Anzahl von Atomorbitalen (vgl. Tab. 12.1).

Hauptquantenzahl *n*	Bezeichnung der Hauptschale	Anzahl der Atomorbitale
1	**K**	1
2	**L**	4
3	**M**	9
4	**N**	16
5	**O**	25

Tab. 12.1 Hauptschalen

Eine Hauptschale besteht allgemein aus n^2 Atomorbitalen.

- Die *Nebenquantenzahl*[15] *l* kennzeichnet die einzelnen ***Unterschalen*** und teilt somit die Orbitale einer Hauptschale in definierte Gruppen ein. Alle Orbitale mit gleicher Nebenquantenzahl gehören zur selben Unterschale. Die Nebenquantenzahl bestimmt den Drehimpuls (vgl. Physikbuch) des sich um den Kern bewegenden Elektrons. Das Elektron besitzt als Voraussetzung für diese Drehbewegung eine bestimmte kinetische Energie (Bewegungsenergie). Diese ist ein Teil seiner Gesamtenergie. Der Betrag der kinetischen Energie wird durch den Betrag der Gesamtenergie eingeschränkt. Da die Gesamtenergie durch die Hauptquantenzahl und die kinetische Energie durch die Nebenquantenzahl bestimmt ist, schränkt also in logischer Konsequenz die Hauptquantenzahl die möglichen Werte der Nebenquantenzahl ein.

Die Nebenquantenzahl kann Werte von 0 bis (n–1) annehmen.

[13] Die Hauptquantenzahl entspricht der bereits von BOHR verwendeten Quantenzahl *n*, die in dessen Atommodell zur Charakterisierung der Energie der Kreisbahn eines Elektrons diente (vgl. S. 9).
[14] Durch Verbesserung des Auflösungsvermögens von Spektroskopen konnte gezeigt werden, dass manche ursprünglich als Einzellinie interpretierten Spektrallinien eigentlich aus mehreren Linien zusammengesetzt sind und die entsprechenden Hauptenergieniveaus demzufolge in Unterniveaus aufgegliedert werden können.
[15] Die Nebenquantenzahl wird auch als Orbital- oder Impulsquantenzahl bezeichnet.

Die Unterschalen tragen zu ihrer Unterscheidung typisierende Bezeichnungen. Dabei wird die Hauptquantenzahl direkt als Ziffer und die Nebenquantenzahl indirekt durch Verwendung entsprechender Buchstaben ausgedrückt (Tab. 13.1). Für $l = 0, 1, 2$ und 3 verwendet man die Buchstaben s, p, d und f[16].

Hauptquantenzahl *n*	**Nebenquantenzahl *l***	**Bezeichnung der Unterschale**
1	**0**	**1s**
2	**0** **1**	**2s** **2p**
3	**0** **1** **2**	**3s** **3p** **3d**
4	**0** **1** **2** **3**	**4s** **4p** **4d** **4f**

Tab. 13.1 Unterschalen

Da l die Werte von 0 bis $(n–1)$ annehmen kann, treten innerhalb der n-ten Hauptschale insgesamt n Unterschalen auf.

Die Hauptschale mit $n = 3$ besitzt drei Unterschalen, nämlich die 3s-, 3p- und 3d-Unterschale (vgl. Tab. 13.1)

Geben Sie für die N-Schale die passende Hauptquantenzahl, alle möglichen Nebenquantenzahlen und die entsprechenden Bezeichnungen für die Unterschalen an!

- Während die Nebenquantenzahl die einzelnen Unterschalen einer Hauptschale kennzeichnet, charakterisiert die *Magnetquantenzahl m* die einzelnen Orbitale innerhalb einer Unterschale. Die Magnetquantenzahl gibt Aufschluss über das Verhalten eines Elektrons im magnetischen Feld. Sie bringt zum Ausdruck, dass die *im freien* (also nicht im Wasserstoff-Molekül gebundenen), *angeregten Wasserstoff-Atom* zu unter-

[16] Diese Buchstaben sind Abkürzungen für die spektroskopischen Bezeichnungen sharp, principal, diffuse und fundamental. Für $l > 3$ werden die im Alphabet auf das „f" folgenden Buchstaben g, h, i etc. verwendet. Diese sind jedoch für unsere Betrachtungen bedeutungslos.

scheidende *p- und d-Unterschale* durch ein Magnetfeld in *drei bzw. fünf Niveaus (Orbitale)* von allerdings nur wenig verschiedener (praktisch gleicher) Energie *aufgespalten* werden können. Dies zeigt sich experimentell durch die Aufgliederung der entsprechenden Spektrallinien im Magnetfeld. Nochmals zum Einprägen: Die p-Unterschale lässt sich in drei Orbitale, die d-Unterschale in fünf Orbitale gliedern[17].
Die Magnetquantenzahl steht in einer recht einfachen Beziehung zur Nebenquantenzahl:

Bei einem gegebenen Wert von l kann m die ganzzahligen Werte von +l über 0 bis –l annehmen.

Für l = 1 gilt: m = +1, 0, –1

An früherer Stelle wurde bereits gesagt, dass jede Hauptschale aus einer charakteristischen Anzahl von Atomorbitalen besteht (vgl. S. 12).
Das folgende Beispiel soll nun zeigen, wie man die Orbitalanzahl errechnen kann.

Berechnung der Orbitalzahl der N-Schale:
a) Für die N-Schale gilt: $n = 4$ (vgl. Tab. 13.1)
b) Berechnungsübersicht:

l-Werte	Unterschalen	m-Werte	Zahl der Atomorbitale
0	s	0	1
1	p	+1, 0, –1	3
2	d	+2, +1, 0, –1, –2	5
3	f	+3, +2, +1, 0, –1, –2, –3	7
			Summe: 16

Tab. 14.1

Berechnen Sie in entsprechender Weise die Anzahl der Orbitale in der M-Schale!
Welche Unterschale tritt in diesem Falle nicht auf?
Welche allgemeine Berechnungsformel lässt sich für die Zahl der Orbitale einer Unterschale mit der Nebenquantenzahl l herleiten?

[17] An dieser Stelle sei bereits darauf hingewiesen, dass man bei der f-Unterschale sieben Orbitale unterscheiden kann.

Die Abb. 15.1 gibt einen Überblick über die Unterteilung einer Hauptschale in Unterschalen und Orbitale.

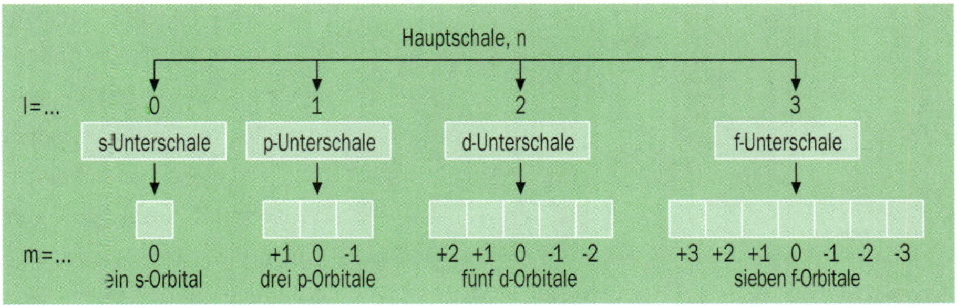

Abb. 15.1 Unterteilung einer Hauptschale

Zur individuellen Benennung eines Elektrons gibt man den Wert der Hauptquantenzahl und die Bezeichnung der Unterschale an, in der sich das Elektron aufhält.
Beispielsweise wird ein Elektron, dessen Aufenthaltswahrscheinlichkeit durch das 1s-Orbital beschrieben wird, als 1s-Elektron bezeichnet.
Man sagt auch: Das 1s-Elektron besetzt das 1s-Orbital.
Wie wir gesehen haben, sind nur bestimmte Kombinationen von Quantenzahlen möglich, da der Wert von n die möglichen Werte von l beschränkt und diese wiederum die möglichen Werte von m festlegen.
Durch sehr sorgfältige Untersuchungen des Wasserstoff-Spektrums stellte man eine Abweichung der Lage der Spektrallinien von den Frequenzen fest, die sich aus der Schrödinger-Gleichung ergeben.
Samuel Goudsmit und George Uhlenbeck fanden eine Erklärung für diese Diskrepanz. Sie betrachteten das Elektron modellhaft als eine Art rotierende Kugel, die sich – ähnlich wie ein Spielkreisel – um eine innere Achse durch den Mittelpunkt dreht. Diese Eigenrotation wird als ***Elektronenspin*** oder kurz ***Spin*** bezeichnet. Hierbei sind zwei Drehrichtungen (Spinorientierungen) möglich:
nach „links" oder nach „rechts". Anschaulich unterscheidet man eine *Drehung im Uhrzeigersinn* (symbolisiert durch einen *Aufwärtspfeil* ↑) *oder entgegen dem Uhrzeigersinn* (↓).
Zur Beschreibung dieser Spinorientierung verwendet man die sog. ***Spinquantenzahl s***.

Die Spinquantenzahl s kann die Werte $+\frac{1}{2}$ ***(für ein Elektron mit ↑-Spin) und*** $-\frac{1}{2}$ ***(für ein Elektron mit ↓-Spin) annehmen.***

Das Vorhandensein zweier Spinorientierungen liefert auch die Erklärung für das folgende Versuchsergebnis:
Lässt man einen Strahl von Silber-Atomen ein Magnetfeld passieren, so trennt sich dieser in zwei Teilstrahlen auf (vgl. Abb. 16.1).

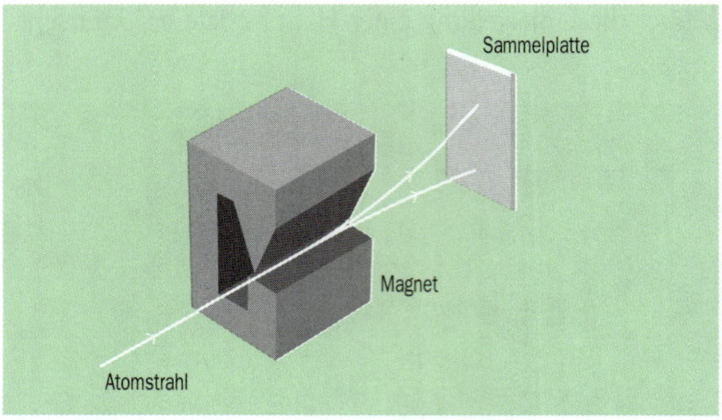

Abb. 16.1 Aufspaltung eines Silberatomstrahls im Magnetfeld

Die Silber-Atome besitzen eine ungerade Elektronenzahl (nämlich 47 Elektronen; vgl. Ordnungszahl im Periodensystem). Atome mit ungerader Elektronenzahl verhalten sich – vergleichbar mit einem Wasserstoff-Atom mit nur einem Elektron – wie winzige Magnete und lassen sich daher von einem äußeren Magnetfeld beeinflussen. Das gegenüber der geraden Elektronenzahl sozusagen „überschüssige" Elektron bewirkt – je nach Eigenrotation – im Magnetfeld eine Ablenkung in die eine oder andere Richtung.

Die Tab. 16.2 erweitert die auf S. 13 dargestellte Fassung und *sollte von Ihnen zur Übung für n = 4 ergänzt werden.*

n	*l*	Unterschale	*m*	*s*	Anzahl der Kombinationen
1	0	1s	0	$+\frac{1}{2}, -\frac{1}{2}$	2
2	0 1	2s 2p	0 +1, 0, –1	$+\frac{1}{2}, -\frac{1}{2}$ $+\frac{1}{2}, -\frac{1}{2}$	2 6 } 8
3	0 1 2	3s 3p 3d	0 +1, 0, –1 +2, +1, 0, –1, –2	$+\frac{1}{2}, -\frac{1}{2}$ $+\frac{1}{2}, -\frac{1}{2}$ $+\frac{1}{2}, -\frac{1}{2}$	2 6 } 18 10

Tab. 16.2

Versuchen Sie, die Tab. 16.2 nochmals auswendig auf einem Extrablatt zu entwickeln.

Wir halten zur Wiederholung fest:

- Die erste Hauptschale ($n = 1$) ist ungegliedert und besitzt deshalb nur eine Unterschale (1s) aus einem Orbital (1s). Dieses kann maximal zwei Elektronen aufnehmen, die sich in ihrem Spin unterscheiden müssen[18].
- Die zweite Hauptschale ($n = 2$) besteht aus zwei Unterschalen (2s und 2p). Die 2s-Unterschale ist (wie jede s-Unterschale) ungegliedert und entspricht einem 2s-Orbital. Dieses enthält maximal zwei Elektronen. Die 2p-Unterschale ist in drei 2p-Orbitale aufgeteilt (genaue Bezeichnung: $2p_x$, $2p_y$, $2p_z$[19]). Diese können maximal sechs Elektronen (zwei pro Orbital) enthalten. Die zweite Hauptschale fasst also höchstens acht Elektronen, zwei 2s-Elektronen und sechs 2p-Elektronen.
- Die dritte Hauptschale ist mit maximal 18 Elektronen voll besetzt.

Wie viele Unterschalen und Orbitale besitzt die N-Schale?
Geben Sie die entsprechende Elektronenzahl bei Maximalbesetzung an!

Für die zahlenmäßige Aufteilung der Elektronen auf die Unterschalen gilt allgemein:

Eine s-, p-, d- bzw. f-Unterschale kann maximal 2, 6, 10 bzw. 14 Elektronen aufnehmen.

Da eine Hauptschale aus n^2 Atomorbitalen besteht (vgl S. 12) und jedes Orbital maximal zwei Elektronen aufnehmen kann, ergibt sich:

Die Zahl der in einer Hauptschale Platz findenden Elektronen errechnet sich nach der Formel $2\,n^2$.

Nach dieser Formel erhält man für die jeweilige Maximalbesetzung der ersten fünf Hauptschalen folgende Elektronenzahlen:

Hauptquantenzahl n	Schalenbezeichnung	maximale Elektronenzahl
1	K-Schale	2
2	L-Schale	8
3	M-Schale	18
4	N-Schale	32
5	O-Schale	50

Tab. 17.1

[18] Das gemeinsame Auftreten spinverschiedener Elektronen in demselben Orbital bezeichnet man als Spinpaarung.
[19] Die Indizes x, y, und z beziehen sich auf die räumliche Ausrichtung der Orbitale und werden in Kap. 2.3 (Orbitalformen) noch genauer erläutert.

2.2 Aufbauprinzip und Elektronenkonfiguration

Der stufenweise Einbau der Elektronen in die Atomhülle erfolgt nach drei Grundprinzipien:

- ***Das Energie-Prinzip besagt, dass Elektronen (im Grundzustand) die Zustände geringster Energie zuerst einnehmen.***
- ***Nach dem sog. Pauli-Prinzip[20] können Elektronen in der Atomhülle nie in allen vier Quantenzahlen übereinstimmen. Sie unterscheiden sich wenigstens in der Spinquantenzahl.***
- ***Die Hund-Regel[21] besagt, dass energetisch gleichwertige Orbitale zunächst einzeln besetzt werden, ehe eine Doppelbesetzung mit Elektronen entgegengesetzten Spins erfolgt.***

Die für jedes Element charakteristische Besetzung der einzelnen Energieniveaus wird als ***Elektronenkonfiguration*** bezeichnet.

Linus Pauling (bitte nicht mit Pauli verwechseln) hat eine ***Kästchenschreibweise*** zur anschaulichen Darstellung der Elektronenkonfiguration von Atomen vorgeschlagen. Dabei werden die Orbitale durch *quadratische Kästchen* symbolisiert. Vor die Kästchen schreibt man die Bezeichnung der entsprechenden Hauptschale, also den Wert der *Hauptquantenzahl* (z. B. „1"), und die Buchstabenbezeichnung für die betreffende Unterschale (z. B. „s"). Daneben existiert auch eine ***Kurzschreibweise*** ohne Kästchen, wobei die jeweiligen Elektronenzahlen als Indexziffer oben rechts hinter dem Buchstaben angegeben werden (z. B. $1s^2$, sprich: „eins-es-zwei"; vgl. auch folgendes Beispiel).

Elektronenkonfiguration des Sauerstoff-Atoms (Ordnungszahl: 8):
Paulingsche Kästchenschreibweise: 1s ⇅ 2s ⇅ 2p ⇅ ↑ ↑
Kurzschreibweise: $1s^2\ 2s^2\ 2p^4$

Geben sie unter Berücksichtigung des Energie-Prinzips, des Pauli-Prinzips und der Hund-Regel die Elektronenkonfigurationen der Atome der ersten zehn Elemente des Periodensystems an!
Verwenden Sie hierzu sowohl die Kästchenschreibweise nach Pauling als auch die Kurzschreibweise.

[20] Wolfgang Pauli formulierte dieses Ausschließungsprinzip im Jahr 1925.
[21] Die Regel wurde von dem Spektroskopiker Fritz Hund aufgestellt.

In der obigen Übungsaufgabe fanden Sie für das Atom von Neon (Ordnungszahl 10) die Elektronenkonfiguration $1s^2\ 2s^2\ 2p^6$ oder anders ausgedrückt [He] $2s^2\ 2p^6$ (Hinweis: [He] bedeutet Heliumkonfuguration)[22].

Beim Natrium-Atom wird nun der Aufbau der dritten Hauptschale begonnen. Er findet seinen Abschluss beim Argon-Atom mit der Konfiguration $1s^2\ 2s^2\ 2p^6\ 3s^2\ 3p^6$ bzw. [Ne] $3s^2\ 3p^6$.

Beim Kalium-Atom erwartet man nun eigentlich das erste 3d-Elektron. Statt dessen werden beim Kalium-Atom und dem laut PSE folgenden Calcium-Atom jedoch zuerst 4s-Elektronen eingebaut, da diese *energieärmer* als 3d-Elektronen sind (*Energie-Prinzip!*).

Die genaue *Reihenfolge* der nacheinander zu besetzenden Orbitale *mit steigendem Energieniveau* lässt sich auf sehr einfache Weise mit Hilfe des folgenden Schachbrettmusters bestimmen. Beachten Sie bitte den *Pfeilverlauf*!

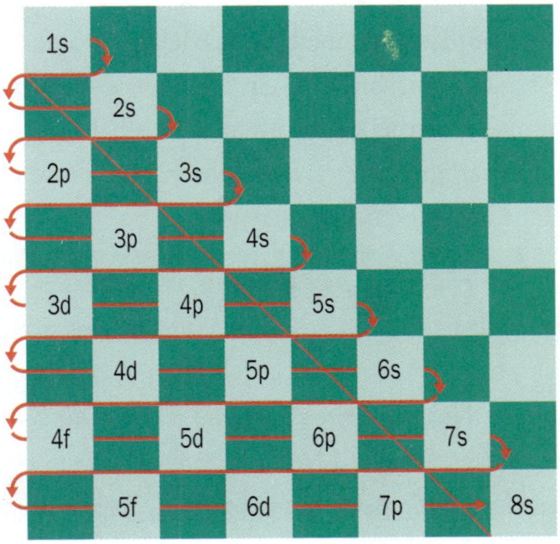

Abb. 19.1 Schachbrettmuster zur Bestimmung der Reihenfolge der Orbitalbesetzung

Für das Kalium-Atom ergibt sich die Elektronenkonfiguration $1s^2\ 2s^2\ 2p^6\ 3s^2\ 3p^6\ 4s^1$ bzw. kürzer [Ar] $4s^1$, für das Calcium-Atom [Ar] $4s^2$.

Geben Sie unter Verwendung des Schachbrettmusters die Elektronenkonfigurationen von $_{26}Fe$ und $_{36}Kr$ in der Kurzschreibweise an!

[22] Diese gegenüber der Kurzschreibweise noch weiter vereinfachende Darstellung bietet sich insbesondere bei Elementen mit relativ großer Elektronenzahl an, weil sie die Schreibarbeit vereinfacht.

Unterschalen mit bestimmten Elektronenkonfigurationen sind durch eine besondere Stabilität ausgezeichnet (vgl. folgenden Merkkasten).

Besonders stabile Zustände sind:

- ***Halb- und Vollbesetzung von Unterschalen***
- ***Edelgaskonfiguration***

Hierzu einige Beispiele:

a) mit *Halb- bzw. Vollbesetzung*

Das *Chrom*-Atom hat die Konfiguration [Ar] $3d^5\ 4s^1$ und nicht [Ar] $3d^4\ 4s^2$

Das *Kupfer*-Atom hat die Konfiguration [Ar] $3d^{10}\ 4s^1$ und nicht [Ar] $3d^9\ 4s^2$

b) mit *Edelgaskonfiguration*

Ne: [He] $2s^2\ 2p^6$ Kr: [Ar] $3d^{10}\ 4s^2\ 4p^6$

Ar: [Ne] $3s^2\ 3p^6$ Xe: [Kr] $4d^{10}\ 5s^2\ 5p^6$ Rn: [Xe] $4f^{14}\ 5d^{10}\ 6s^2\ 6p^6$

Hinweis: An dieser Stelle sei daran erinnert, dass Edelgas-Atome in der Regel acht Elektronen auf ihrer äußersten Hauptschale, also ein *Elektronenoktett*, besitzen.
Nur das Helium-Atom macht hierbei eine Ausnahme: Es hat zwei Außenelektronen.
Charakteristisch ist der Zusammenhang zwischen der Auffüllung bestimmter Unterschalen und der Stellung der Elemente im Periodensystem:

- ***Bei den Atomen der Hauptgruppenelemente werden die s- und p-Niveaus aufgefüllt. Demzufolge stehen maximal 8 Hauptgruppenelemente in einer Periode.***
- ***Bei den Atomen der Nebengruppenelemente werden die d-Niveaus aufgefüllt. Folglich stehen maximal 10 Nebengruppenelemente in einer Periode.***
- ***Bei den Atomen der Lanthanoide und Actinoide werden die f-Niveaus aufgefüllt (Ausnahmen: Lauthan und Actinium).***
  Deshalb stehen 14 Lanthanoide und 14 Actinoide in einer Periode.

2.3 Orbitalformen

Ein Orbital kann man sich räumlich als „Elektronenwolke" vorstellen, die durch Übereinanderprojizieren einer Vielzahl gedachter Positionsaufnahmen des Elektrons entstanden ist. Mathematische Auswertungen lieferten Hinweise auf verschiedene *Orbitalformen*, wie z. B. die im Folgenden dargestellte *Kugelform von s-Orbitalen* (Abb. 21.1) und die *Hantelform von p-Orbitalen* (Abb. 21.2). Die räumliche Orientierung der „Orbitalwolken" wird durch die Raumkoordinaten x, y und z beschrieben.

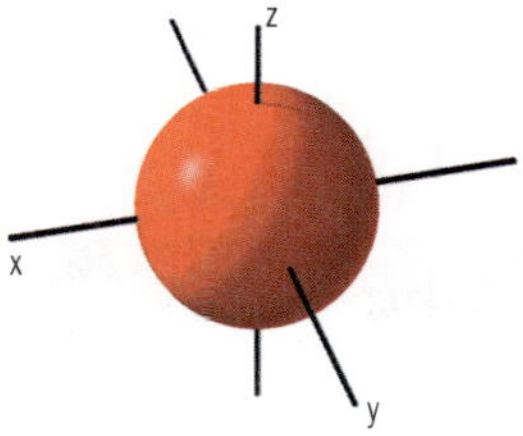

Abb. 21.1 Kugelförmiges s-Orbital

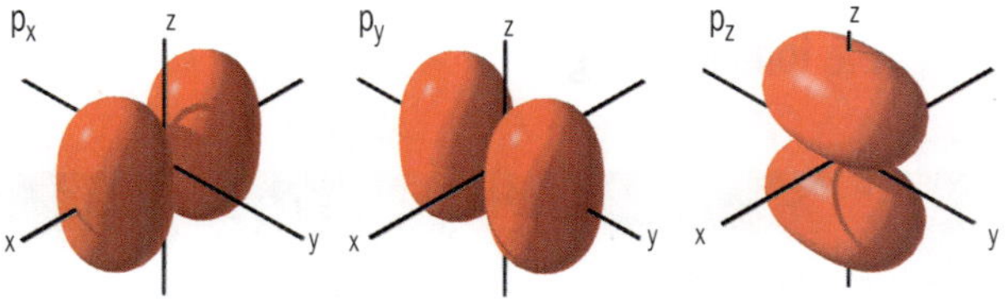

Abb. 21.2 Hantelförmige p-Orbitale

Sie erkennen, dass sich das s-Orbital wegen seiner Kugelform nach allen drei Raumrichtungen erstreckt, während die drei p-Orbitale (bezogen auf die Längsachse der „Hanteln") mit Hilfe der Raumkoordinaten x, y, und z als p_x-, p_y- und p_z-Orbital genauer charakterisiert werden können.

Dies wurde bereits auf S. 17 angedeutet.

d-Orbitale sind rosettenförmig (doppelhantelförmig).

Abb. 21.3 zeigt exemplarisch das d_{xy}-Orbital.

In diesem Falle beschreiben die Koordinaten x und y die Ebene, in der die Orbitallappen liegen.

f-Orbitale sind noch komplizierter geformt und auf anschaulicher Basis *schwierig zu beschreiben.*

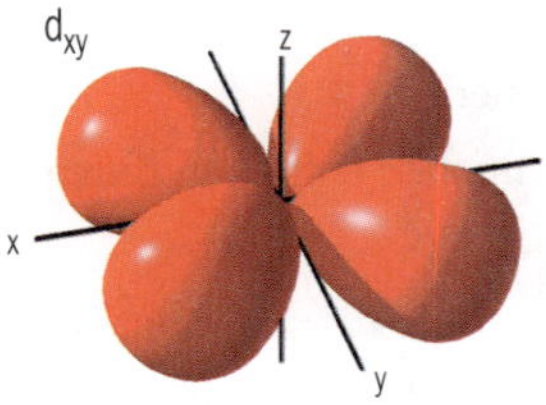

Abb. 21.3 Rosettenförmiges d-Orbital

Übungsfragen zur Gesamtwiederholung:

1. Was versteht man unter „Quanten"?
2. Welcher mathematische Zusammenhang besteht zwischen der Energie einer Strahlung, der Frequenz und dem planckschen Wirkungsquantum?
3. Welche Formel dient zur Berechnung der Maximalzahl der Elektronen einer Hauptschale?
4. Wie heißen die Hauptschalen von $n = 1$ bis $n = 5$?
5. Welche Werte kann die Nebenquantenzahl annehmen und wie heißen die entsprechenden Bezeichnungen für die Unterschalen?
6. Ordnen Sie der Hauptquantenzahl $n = 3$ alle möglichen Werte von l, die Magnet- und die Spinquantenzahlen und die Anzahl an Kombinationen zu!
7. Nach welchen Prinzipien werden Elektronen schrittweise in die Atomhülle eingebaut? Was besagen die Prinzipien?
8. Umschreiben Sie den Begriff „Orbital"!
9. Wie viele Elektronen können sich maximal in einem Orbital aufhalten?
10. Welche Elektronenkonfigurationen zeichnen sich durch eine besondere Stabilität aus? Geben Sie hierzu passende Beispiele an!
11. Welche Form haben s-, p- und d-Orbitale?
12. Welche Eigenschaften werden jeweils durch die Haupt-, Neben-, Magnet- und Spinquantenzahl charakterisiert?

3 Die Ionenbindung

<u>Andere Bezeichnungen</u>: ionogene Bindung = heteropolare Bindung = elektrovalente Bindung

3.1 Entstehung von Ionen

Ionen sind elektrisch geladene Atome (***Atom-Ionen***) oder Atomgruppen (***Molekül-Ionen***). Je nach ihrer Ladung wandern sie im elektrischen Feld entweder zur Kathode (***Kationen*** = elektrisch *positiv* geladene Ionen) oder zur Anode (***Anionen*** = elektrisch *negativ* geladene Ionen).

Kationen entstehen durch *Abgabe* von Elektronen, *Anionen* durch *Aufnahme* von Elektronen.

Ursache für das Abgabe- bzw. Aufnahmebestreben ist die *Erreichung einer stabilen Edelgaskonfiguration* (vgl. zum Begriff „Edelgaskonfiguration" S. 20).

Im Jahr 1916 stellten Walter Kossel und Gilbert Newton Lewis die sogenannte ***Oktettregel*** auf:

Die Atome haben das Bestreben, bezüglich ihrer Elektronenhülle eine Edelgaskonfiguration mit acht Außenelektronen (Elektronenoktett) zu erreichen.[23]

3.1.1 Ionenbildung durch Elektronenabgabe

Die Atome der *Elemente auf der linken Seite des PSE* mit ein, zwei oder drei Valenzelektronen, also die *Metall-Atome*, erreichen dadurch eine Achterschale – und zwar die des unmittelbar *vor ihnen im PSE stehenden Edelgases* –, dass sie ihre wenigen Außenelektronen abgeben; dabei *werden* sie *zu elektrisch positiv geladenen Ionen* (Abb. 22.1).

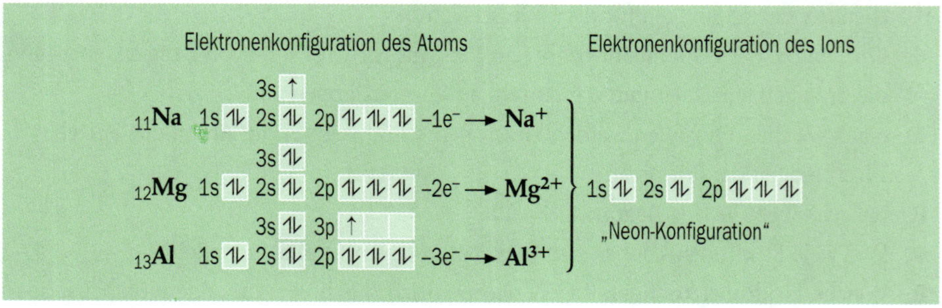

Abb. 22.1 Entstehung von Metall-Kationen

[23] Es gibt viele Ausnahmen von der Oktettregel.

3.1.2 Ionenbildung durch Elektronenaufnahme

Die Atome der *Elemente auf der rechten Seite des PSE* mit fünf, sechs oder sieben Valenzelektronen, also die *Nichtmetall-Atome,* erreichen dadurch eine Achterschale – und zwar die des unmittelbar *nach ihnen im PSE stehenden Edelgases* –, dass sie ihre Elektronenhülle durch Aufnahme von Elektronen zur Edelgaskonfiguration ergänzen; dabei *werden* sie *zu elektrisch negativ geladenen Ionen* (Abb. 23.1).

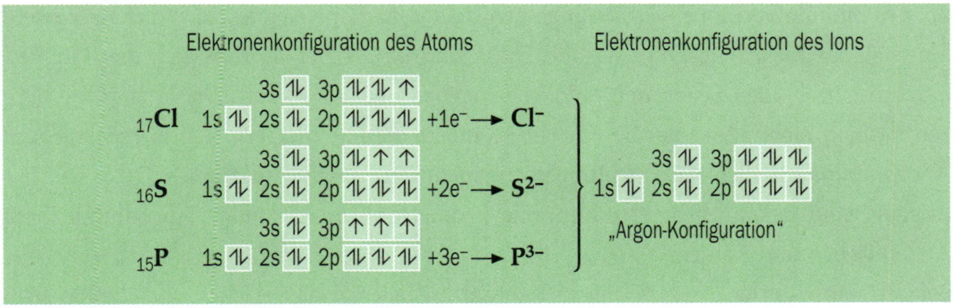

Abb. 23.1 Entstehung von Nichtmetall-Anionen

Erklären Sie mit Hilfe der Kästchenschreibweise von Pauling die Entstehung folgender Ionen:

a) K^+, Ca^{2+}

b) Br^-, O^{2-}, N^{3-}

3.2 Struktur und Eigenschaften von Ionenverbindungen

Gleich geladene Ionen stoßen sich gegenseitig ab, entgegengesetzt geladene Ionen ziehen sich gegenseitig an.

Unter einer Ionenbindung versteht man den durch elektrostatische Anziehung bewirkten Zusammenhalt entgegengesetzt geladener Ionen.

Stoffe die aus Ionen aufgebaut sind, besitzen i. d. R. sehr typische Eigenschaften (Abb. 23.1).

- *Festkörper*
- *hohe Schmelztemperatur*
- *in Lösung oder als Schmelze stromleitend*
- *meist spröde*
- *mehr oder weniger gut löslich in polaren Lösemitteln*

Tab. 23.1 Eigenschaften von Ionenverbindungen

Dies sind auch bekannte Eigenschaften salzartiger Verbindungen.
Wir können folgern

Salzartige Stoffe sind Ionenverbindungen.

Alle o. g. Salzeigenschaften lassen sich auf das Vorhandensein von Ionen zurückführen. Bei der Bildung von Ionenverbindungen entsteht zunächst ein *Ionenpaar*, das auf weitere Ionen starke *Anziehungskräfte* ausübt. Diese sind *ungerichtet*, so dass sich die Kationen möglichst nach allen Seiten mit Anionen umgeben und umgekehrt. Die Ionenpaare bleiben deshalb nicht als Moleküle erhalten, sondern die Ionen lagern sich in regelmäßiger Anordnung nach allen Raumrichtungen zu einem ***Ionenkristall*** zusammen.
Kristalle sind gekennzeichnet durch eine geometrisch gleichmäßige Anordnung ihrer Außenflächen und Kanten.
Bei den würfel- oder quaderförmigen Kochsalzkristallen bilden Flächen und Kanten stets einen Winkel von 90°. Dies deutet darauf hin, dass die Ionen – wie schon oben erwähnt – *regelmäßig* angeordnet sind. Diese geometrische Anordnung der Ionen im Kristall wird als ***Ionengitter*** bezeichnet (Abb. 24.1).

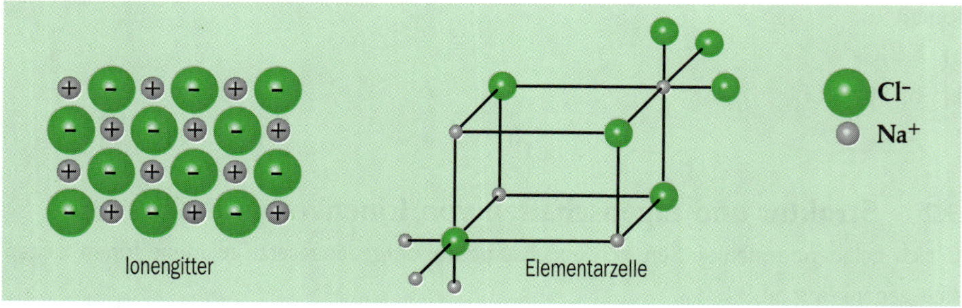

Abb. 24.1 Kochsalzkristall (Ionengitter und Elementarzelle)

Die Formel „NaCl" bedeutet, dass im Kochsalzgitter Na^+- und Cl^--Ionen im Zahlen*verhältnis 1 : 1* vorliegen. Es sind also *keine abgegrenzten Natriumchlorid-Moleküle* vorhanden! Die Abb. 24.1 zeigt einen Ausschnitt aus einem Kochsalzgitter. Der dargestellte Würfel aus vier Na^+- und vier Cl^--Ionen ist der geometrische Grundbaustein des Natriumchloridgitters, eine sog. ***Elementarzelle***.
Solche Elementarzellen sind nach allen Seiten aneinandergereiht. Jedes Natrium-Ion ist von *sechs* Chlorid-Ionen umgeben und umgekehrt. Die Zahl „6" in diesem Beispiel heißt ***Koordinationszahl*** der Ionen im Gitter. Die Koordinationszahl gibt an, wie viele *nächste Nachbarn* mit meist gleichem Abstand ein Ion in einem Gitter besitzt. Um die Koordinationszahl in die Formel eines Salzes mit einzubeziehen, hat Paul Niggli eine besondere Schreibweise, die sog. *Niggli-Formel* entwickelt.

Die NIGGLI-Formel von Kochsalz beispielsweise lautet:

$$\{NaCl_{6/6}\}_G$$

In dieser Formel bedeutet „*6/6*“, dass jedes Natrium-Ion von sechs Chlorid-Ionen umgeben ist und umgekehrt. Das „G“ gibt an, dass es sich um ein Ionen*gitter* handelt.
Beachten Sie, dass die NIGGLI-Formel eine *Verhältnisformel* und keine Molekülformel ist.

3.3 Ionisierungsenergie und Elektronenaffinität

Unter *Ionisierung* versteht man allgemein den Vorgang der *Ionenbildung*. Diese resultiert aus der *Abspaltung* oder *Anlagerung* elektrisch geladener Teilchen (hier: *Elektronen*) von bzw. an neutrale Atome oder Moleküle (hier: *Atome*).
Die Elektronen*abspaltung erfordert* immer die Zufuhr von *Energie*, verläuft also *endotherm*, während die Elektronen*anlagerung* meist mit einer Energie*abgabe* verbunden und demzufolge i. d. R. ein *exothermer* Vorgang ist.
Der Übersichtlichkeit halber wollen wir im Folgenden die zur Elektronenabspaltung erforderliche ***Ionisierungsenergie*** und die bei der Elektronenaufnahme freigesetzte ***Elektronenaffinität*** nacheinander betrachten.

Als Ionisierungsenergie wird die Energie bezeichnet, welche zur vollständigen Abtrennung des am wenigsten fest gebundenen Elektrons von einem Atom (oder Ion) aufzuwenden ist.

Die Ionisierungsenergie stellt ein direktes Maß für den Energiezustand des betreffenden Elektrons dar. Sie ist um so kleiner, je höher dessen Energie ist.
Die Größe der Ionisierungsenergie hängt von verschiedenen Faktoren ab, deren Wirkungen allerdings im konkreten Fall nicht immer auseinanderzuhalten sind.

- *Im Allgemeinen nimmt die Ionisierungsenergie mit steigender Kernladung zu und mit wachsendem Atomradius ab.*
- *Die Ionisierungsenergie hängt weiter vom Ausmaß ab, mit welchem das am wenigsten fest gebundene Elektron in die Ladungswolke der inneren Elektronen eindringt.*
- *Schließlich ist die Ionisierungsenergie auch davon abhängig, welche Ladung das betreffende Atom trägt.*

Die *erste Aussage* im obigen Merkkasten lässt sich wohl recht leicht nachvollziehen, wenn man berücksichtigt, dass die Kernladung elektrisch positiv, also der Elektronenladung entgegengesetzt ist. Mit zunehmendem Kernabstand „spürt" das Elektron die Anziehungskraft immer weniger.

Zur zweiten Aussage ist zu ergänzen, dass die „Eindringtiefe" der Elektronenwolken in der Reihenfolge s → p → d → f abnimmt.
Mit anderen Worten: Ein s-Elektron nähert sich dem Kern im zeitlichen Durchschnitt mehr als ein p-Elektron derselben Schale. Ein d-Elektron nähert sich dem Kern noch weniger als ein p-Elektron. Dies bedeutet, dass (vorausgesetzt alle anderen Faktoren sind gleich) ein s-Elektron schwerer zu entfernen ist als ein p-Elektron usw.

Zur dritten o. g. Aussage sei angemerkt, dass die Abspaltung eines zweiten Elektrons von einem bereits einfach elektrisch positiv geladenen Ion beträchtlich mehr Energie erfordert als die zuvor abgelaufene Abtrennung des ersten Elektrons vom neutralen Atom. Das zweite Elektron muss in diesem Falle ja gegen die elektrostatische Anziehungskraft des Kations entfernt werden.

Alles klar?

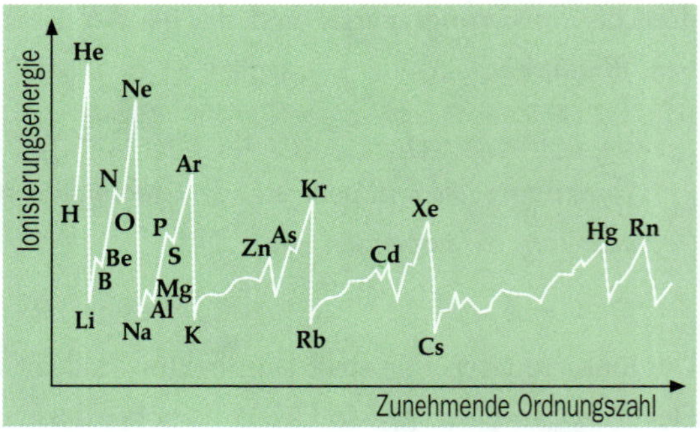

Abb. 26.1 Exemplarische Auswahl von Ionisierungsenergien bei Atomen verschiedener Elemente in der Reihenfolge steigender Ordnungszahl

Betrachtet man die Änderung der Ionisierungsenergie in Abhängigkeit von der Ordnungszahl (vgl. Abb. 26.1, Abb. 27.1 und Abb. 28.1), so kann man gewisse Besonderheiten feststellen:

- Die starke Zunahme der Ionisierungsenergie vom *Wasserstoff-Atom* zum *Helium-Atom* wird durch die erhöhte Kernladung bedingt.
- Der auffallend starke Abfall des Energiewertes des *Lithium-Atoms* ist eine Folge der Tatsache, dass das am wenigsten fest gebundene Elektron des Lithium-Atoms, das 2s-Elektron, zur zweiten Schale gehört und dass die um eine Einheit gestiegene Kernladung vom Lithium-Atom gegenüber dem *Helium-Atom* durch die beiden 1s-Elektronen sehr stark abgeschirmt wird.

- Vom Lithium-Atom zum *Neon-Atom* nimmt die Ionisierungsenergie wieder zu, weil die Kernladung steigt, die Elektronen einer Schale ein anderes Elektron derselben Schale jedoch kaum abschirmen.
- Beim *Bor-Atom* (Elektronenkonfiguration: $1s^2 2s^2 2p^1$) tritt eine deutliche Abnahme der Ionisierungsenergie auf, denn die p-Elektronen sind etwas energiereicher als die s-Elektronen mit derselben Hauptquantenzahl.
- Die beim *Sauerstoff-Atom* zu beobachtende ebenfalls deutliche Abnahme der Ionisierungsenergie ist darauf zurückzuführen, dass bereits beim *Stickstoff-Atom* das 2p-Niveau zur Hälfte besetzt ist. In diesem Zusammenhang sei an die erhöhte Stabilität halbbesetzter Unterschalen erinnert, die wir an früherer Stelle bei der Besprechung bestimmter Übergangselemente angesprochen hatten (vgl. S. 20).
- In ähnlicher Weise verläuft die Kurve der Ionisierungsenergien *in der dritten Periode.*
- *In der vierten Periode* nimmt die Ionisierungsenergie bei den Atomen der Übergangselemente in geringem Maße zu. Da sich die 4s- und die 3d-Niveaus energetisch sehr ähnlich sind, wird bei der Ionisierung der Atome dieser Elemente zumeist ein 4s-Elektron entfernt.
- Die bei den Atomen der *Lanthanoide* ständig wachsende Kernladung ist die Ursache für die höhere Ionisierungsenergie der dritten Reihe von Übergangselementen.
- *Innerhalb einer Elementgruppe* nimmt die Ionisierungsenergie der Atome mit steigender Ordnungszahl stark ab, da der Atomradius deutlich steigt; die Zunahme der Zahl an Hauptschalen und die abschirmende Wirkung der inneren Elektronen vermögen also die Erhöhung der Kernladung zu kompensieren.

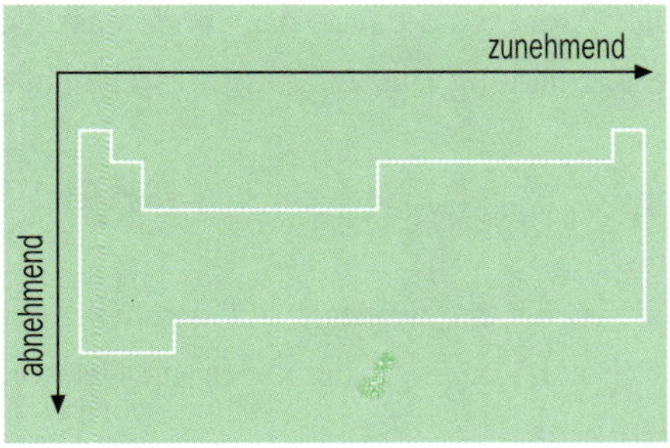

Abb. 27.1 Überblick über den Verlauf der Ionisierungsenergien innerhalb der Perioden und Gruppen des PSE

Erwartungsgemäß ist die Ionisierungsenergie für das 2., 3. Elektron … eines Atoms wesentlich größer als die erste.

Ganz besonders groß ist die Zunahme der Ionisierungsenergie bei der Abspaltung eines Elektrons dann, wenn sämtliche Elektronen einer Schale bereits abgetrennt sind und ein Elektron von der nächstinneren Schale entfernt werden muss. Der enorme Unterschied zwischen den zur Abspaltung von Elektronen der äußersten und der zweitäußersten Schale erforderlichen Energie ist einer der Gründe dafür, dass bei Metall-Atomen z. B. der ersten und der zweiten Hauptgruppe fast ausschließlich Ionen mit Edelgaskonfiguration gebildet werden (vgl. hierzu S. 22).

H							**He**
13,6							24,6
Li	**Be**	**B**	**C**	**N**	**O**	**F**	**Ne**
5,4	9,3	8,3	11,3	14,5	13,6	17,4	21,6
Na	**Mg**	**Al**	**Si**	**P**	**S**	**Cl**	**Ar**
5,1	7,6	6,0	8,1	11,0	10,4	13,0	15,8

Abb. 28.1 Ionisierungsenergien in Elektronvolt (eV) *der Elemente der ersten, zweiten und dritten Periode* (1 eV ≈ 1,6 · 10^{-19}J)

Nun noch ein paar Worte zur bereits erwähnten *Elektronenaffinität.*

Unter Elektronenaffinität versteht man die mit der Aufnahme von Elektronen durch ein neutrales Atom (oder Ion) verbundene Energie.

Die Größe der Elektronenaffinität wird im Wesentlichen durch die gleichen Faktoren bestimmt, die schon im Zusammenhang mit der Ionisierungsenergie diskutiert worden sind, denn die Elektronenaffinität eines neutralen Atoms entspricht zahlenmäßig der Ionisierungsenergie des entsprechenden einfach negativ geladenen Ions.

Zuverlässige Werte für die Elektronenaffinität sind jedoch nur für wenige Elemente bekannt. Sie ist am höchsten bei den Atomen der Halogene (Elemente der 7. Hauptgruppe) und bei den Atomen der Chalkogene (Elemente der 6. Hauptgruppe) erwartungsgemäß kleiner.

Das Maximum der Elektronenaffinität beim Chlor-Atom muss davon herrühren, dass die vom Fluor-Atom zum Chlor-Atom steigende Kernladung die Wirkung des ebenfalls wachsenden Atomradius übertrifft.

Die Bildung mehrfach negativ geladener Ionen (O^{2-}, S^{2-}, N^{3-}) geschieht stets stark endotherm[24].

In einigen Fällen sind auch die Elektronenaffinitäten für ein zweites anzulagerndes Elektron bestimmt worden. Diese Werte beziehen sich auf Vorgänge, bei denen ein Elektron an ein elektrisch negativ geladenes Ion angelagert wird.

Da zwischen einem elektrisch negativ geladenen Ion und einem Elektron eine elektrostatische Abstoßung erfolgt, wird für den Anlagerungsprozess Energie benötigt und nicht freigesetzt. Die „zweiten Elektronenaffinitäten" haben daher ein positives Vorzeichen.

[24] Beispielsweise besitzen die Atome der sechsten Hauptgruppe noch zwei nicht vollständig besetzte p-Orbitale, die durch Aufnahme zweier Elektronen aufgefüllt werden können. Der Einbau des ersten Elektrons verläuft exotherm, die Anlagerung des zweiten Elektrons jedoch endotherm wegen der dann schon vorhandenen elektrisch negativen Ladung.

Abschließend sei bemerkt, dass man die Ionisierungsenergie und die Elektronenaffinität in der Einheit „Elektronvolt (eV)[25]" angibt.
1 eV ist die Energie, die ein Elektron beim Durchlaufen der Spannung 1 V erhält.

3.4 Gitterenergie

Bringt man ein Stückchen zuvor erwärmtes Natrium in Chlor (Cl_2) , so bildet sich durch eine *exotherme Reaktion* Natriumchlorid.
Dieser chemische Vorgang läuft in folgenden Einzelschritten ab:

Kasten 1 *Kasten 2*

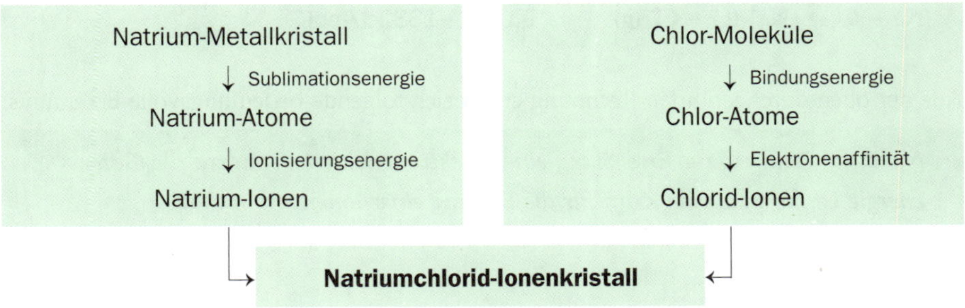

Diese Einzelschritte werden jeweils von charakteristischen Energieumsetzungen begleitet:

Kasten 1:
Der Übergang der Natrium-Atome aus dem Metallkristall in den Gaszustand erfordert ***Sublimationsenergie***[26]. Die mit einer Elektronenfreisetzung verbundene Umwandlung der Natrium-Atome in Natrium-Ionen ist durch einen Verbrauch von ***Ionisierungsenergie*** gekennzeichnet.

Kasten 2:
Zur Zerlegung der Chlor-Moleküle in einzelne Chlor-Atome muss ***Bindungsenergie*** zuführt werden.
Die mit einer Elektronenaufnahme verbundene Umwandlung der Chlor-Atome in Chlorid-Ionen liefert Energie, die ***Elektronenaffinität***.

Schließlich lagern sich die entstandenen Natrium-Ionen und Chlorid-Ionen zu einem Ionenkristall zusammen. Dabei wird die sog. ***Gitterenergie*** frei.

[25] Die häufig verwendete Bezeichnung Elektron*en*volt ist inkorrekt.
[26] Unter Sublimation versteht man den direkten Übergang eines Feststoffs in den gasförmigen Zustand, ohne dass zuvor der flüssige Zustand gebildet wird.

Bekanntlich bedeutet ein *positives bzw. negatives* Vorzeichen bei der Angabe eines Energiewertes, dass die entsprechende Energie *verbraucht bzw. geliefert* wird.
Demzufolge besitzen die Werte für Sublimations-, Ionisierungs- und Bindungsenergien ein positives Vorzeichen, die Werte für Elektronenaffinität und Gitterenergie ein negatives Vorzeichen.
Wie die folgende kleine Übersicht zeigt, benötigt die Bildung *freier* Na^+- und Cl^--Ionen eine Energie von 133 kJ/mol:

$\mathbf{Na \rightarrow Na^+ + e^-}$	$\mid \Delta H = +495$ kJ/mol
$\mathbf{Cl + e^- \rightarrow Cl^-}$	$\mid \Delta H = -362$ kJ/mol
$\mathbf{Na + Cl \rightarrow Na^+ (g) + Cl^- (g)}$	$\mid \Delta H = +133$ kJ/mol

Aus der oben durchgeführten Rechnung ergibt sich folgende bedeutungsvolle Erkenntnis:

Nicht die Tendenz zur Erreichung eines Elektronenoktetts, sondern die Gitterenergie ist die treibende Kraft für die Bildung einer Ionenverbindung.

Mit anderen Worten:
Für den stark *exothermen Verlauf* vieler Reaktionen zwischen *Metallen* und *Nichtmetallen* (erinnert sei z.B. an die Eisensulfid-Synthese und an das Verbrennen von Magnesium) ist also die Gitterenergie verantwortlich.
Da sich Anionen und Kationen gegenseitig sehr stark elektrostatisch anziehen, wird bei ihrer Zusammenlagerung zum Ionengitter viel Energie freigesetzt. Der entstehende Ionenkristall ist daher wesentlich energie*ärmer* als die voneinander getrennten Ionen.

Fügt man Ionen aus dem Unendlichen bis zur Entfernung *r* (Abstand der Ionenschwerpunkte) zusammen, so tritt ein Energieeffekt auf, der aus dem ***Coulomb-Gesetz*** hergeleitet werden kann:

$$F \sim \frac{Q_1 \cdot Q_2}{r^2}$$

F: Anziehungskraft Q_1: Ladung des Kations Q_2: Ladung des Anions *r*: Abstand der Ionenschwerpunkte

In Worten ausgedrückt:
Die Kraft zwischen zwei Punktladungen ist dem Produkt der Ladungen direkt und dem Quadrat ihrer Entfernung umgekehrt proportional.
Die Richtung der Kraft fällt mit der Verbindungslinie der Ladungen zusammen[27].
Hieraus können wir folgern:

[27] Nähere Hinweise hierzu finden Sie bei Bedarf in Physikbüchern.

Die Gitterenergie ist abhängig:

- *von der Ionengröße: je größer die Ionenradien, um so kleiner die Gitterenergie*
- *von der Ionenladung: je größer die Ionenladung, um so größer die Gitterenergie*

Die Gitterenergie ist also ein „Maß“ für die Bindungsstärke zwischen Ionen im Gitterverband und bestimmt charakteristische Stoffeigenschaften (vgl. folgenden Merkkasten).

Stoffeigenschaften, die von der Höhe der Gitterenergie abhängig sind:

- *Schmelz- und Siedetemperatur*
- *Härte*
- *Löslichkeit*
- *thermische Ausdehnungsfähigkeit*
- *Kompressibilität (Zusammendrückbarkeit)*

Übungsfragen zu Kap. 1 bis Kap. 3

1. Erklären sie die Begriffe Atom-Ion, Molekül-Ion, Kation und Anion und geben Sie jeweils drei Beispiele an!
2. Erläutern Sie mit Hilfe der Kästchenschreibweise nach PAULING die Entstehung folgender Ionen: **a)** Li^{+}, Sr^{2+} **b)** F^{-}, O^{2-}, P^{3-}!
3. Umschreiben Sie den Begriff „Ionenbindung“!
4. Nennen Sie fünf charakteristische Eigenschaften von Ionenverbindungen!
5. Erklären Sie den strukturellen Aufbau von Kaliumbromid!
6. Definieren Sie die Begriffe „Ionisierungsenergie“ und „Elektronenaffinität“!
7. Nennen Sie Faktoren, die die Ionisierungsenergie beeinflussen!
8. Wiederholen Sie die Diskussion verschiedener Ionisierungsenergien auf S. 25ff.!
9. Geben Sie die Einzelschritte der Reaktion eines Alkalimetalls mit einem Halogen an und diskutieren Sie die daran beteiligten Energien!
10. Welches ist die treibende Kraft für die Bildung einer Ionenverbindung?
11. Wie lautet das Coulomb-Gesetz?
    Welche Bedeutung haben die hierbei verwendeten Größensymbole?
12. Geben Sie zwei Faktoren an, die die Gitterenergie beeinflussen!
    Diskutieren Sie kurz die Zusammenhänge!
13. Nennen Sie sechs physikalische Eigenschaften, die u.a. von der Höhe der Gitterenergie abhängig sind!

4 Die Atombindung

Andere Bezeichnungen: Elektronenpaarbindung = homöopolare Bindung
= kovalente Bindung

4.1 Bindungsprinzip und Bindigkeit

Unsere heutigen Vorstellungen von der Atombindung sind das Ergebnis physikalisch-chemischer Forschungsarbeiten vieler Jahrzehnte. Die schon erwähnte *Oktettregel* (vgl. S. 22) bezieht sich nach KOSSEL insbesondere auf Ionenverbindungen, nach LEWIS auf Stoffe, die nicht aus Ionen zusammengesetzt sind, also auf molekulare Stoffe.
LEWIS erklärte die Entstehung von Molekülen aus Atomen wie folgt:

Zwei Atome bilden ein Molekül, indem sich die Valenzschalen[28] beider Atome gegenseitig so durchdringen, dass ein oder mehrere gemeinsame Elektronenpaare entstehen. Dadurch wird die Valenzschale jedes Partners durch Mitbesitz an Elektronen des anderen Partners zu einem Edelgasoktett aufgefüllt.[29]

Anders ausgedrückt:
Bei Verbindungen mit Atombindung wird diese durch gemeinsame Elektronenpaare zwischen den Atomen hervorgerufen.
Die Tab. 32.1 zeigt, wie man auf relativ einfache Weise die Anzahl gemeinsamer Elektronenpaare in zwei- oder mehratomigen Molekülen bzw. Molekül-Ionen errechnen kann:

Molekül	N_2	NH_3	CO_2	SO_4^{2-}
Oktettbedarf	2 · 8 = 16	8 + 3 · 2 = 14	8 + 2 · 8 = 24	8 + 4 · 8 = 40
Summe der Valenzelektronen	2 · 5 = 10	5 + 3 · 1 = 8	4 + 2 · 6 = 16	6 + 4 · 6 = 30
Fremdelektronen bei Molekül-Ionen	0	0	0	+2
Fehlende Elektronen	6	6	8	8
Gemeinsame Elektronenpaare	3	3	4	4

Tab. 32.1

[28] Die Valenzelektronen bewegen sich bevorzugt in der äußersten Elektronenschale (Valenzschale) eines Atoms. Die inneren, i. d. R. abgeschlossenen Schalen, werden von sog. Rumpfelektronen besetzt.
[29] Bereits auf S. 22 wurde erwähnt, dass es viele Ausnahmen von der Oktettregel gibt. In diesem Falle wird das Oktett zum Beispiel zu einer größeren Außenelektronenzahl „aufgeweitet" (*Oktettaufweitung*).

In den obigen Beispielen ist jedes Stickstoff-Atom an drei, das Kohlenstoff-Atom und das Schwefel-Atom jeweils an vier und jedes Sauerstoff-Atom im Kohlenstoffdioxid-Molekül an zwei, im Sulfat-Ion an einem gemeinsamen Elektronenpaar beteiligt.
Da jedes *gemeinsame Elektronenpaar* einer *Atombindung* entspricht, kann man für die gewählten Beispiele auch sagen:

Das *Stickstoff-Atom* ist *dreibindig*, das *Kohlenstoff-Atom* und das *Schwefel-Atom* sind *vierbindig*, das *Sauerstoff-Atom* ist im Kohlenstoffdioxid-Molekül *zweibindig* und im Sulfat-Ion *einbindig*.

Die Bindigkeit eines Atoms gibt an, an wie viel gemeinsamen Elektronenpaaren dieses Atom beteiligt ist.

4.2 Valenzstrichformeln

Unter *Valenz* versteht man die *Wertigkeit* der Atome eines Elements.
In der älteren Valenztheorie erklärte man die stöchiometrische Zusammensetzung einer chemischen Verbindung dadurch, dass man jedem Atom eines Elements eine Wertigkeit zuordnete. Die Formeln von Molekülen wurden in der Weise entwickelt, dass man die Atomsymbole in bestimmten Anordnungen niederschrieb und so mit Strichen verband, dass die Zahl der von einem Atom ausgehenden Striche der Wertigkeit des Atoms des betreffenden Elements entsprach.
Durch diese zunächst einleuchtende Methode kam man allerdings auch zu falschen Formeln, wie folgende Beispiele zeigen.

Achtung falsche Formeln: **Na-Cl** **Ca=O**

Natriumchlorid bzw. Calciumchlorid ist bekanntlich ein Salz bzw. eine salzartige Verbindung (vgl. S. 23 ff.).

Überprüfen Sie zur Übung nochmals ihre Kenntnisse über die Salze und salzartigen Verbindungen, die in der Mittelstufe besprochen wurden!

Da Natriumchlorid und Calciumoxid aus *Ionen* aufgebaut sind, dürfen hierfür selbstverständlich *keine Valenzstrichformeln* angegeben werden.

Valenzstrichformeln dürfen nur für Verbindungen verwendet werden, die molekular aufgebaut sind.

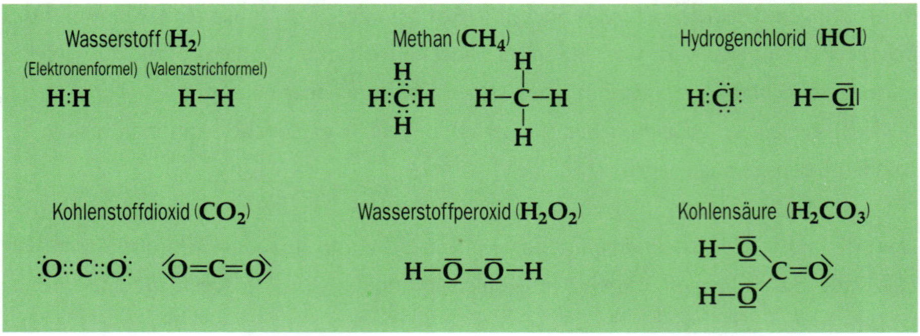

Beachten Sie: *Theoretisch hergeleitete Valenzstrichformeln sind nur sinnvoll, wenn sie experimentell gewonnenen Erkenntnissen möglichst weitgehend gerecht werden!*

4.2.1 Herleitung einer Valenzstrichformel

Valenzstriche werden sowohl zur Darstellung der die Atombindungen in einem Molekül „bewirkenden" Elektronenpaare (eigentliche ***Valenzelektronenpaare***) als auch zur Symbolisierung sog. ***einsamer Elektronenpaare*** verwendet.

Unter „einsamen Elektronenpaaren" versteht man diejenigen *paarweise* zusammengefassten Elektronen, die wohl der gleichen Schale wie die bindenden „Valenzelektronen" angehören, an der Bindung allerdings *nicht* beteiligt, also *frei* sind. Man spricht in diesem Falle daher auch von ***freien Elektronenpaaren***.

Am Beispiel des *Ammoniak*-Moleküls NH_3 wollen wir im Folgenden eine *Elektronenformel* und eine *Valenzstrichformel* vergleichend betrachten.

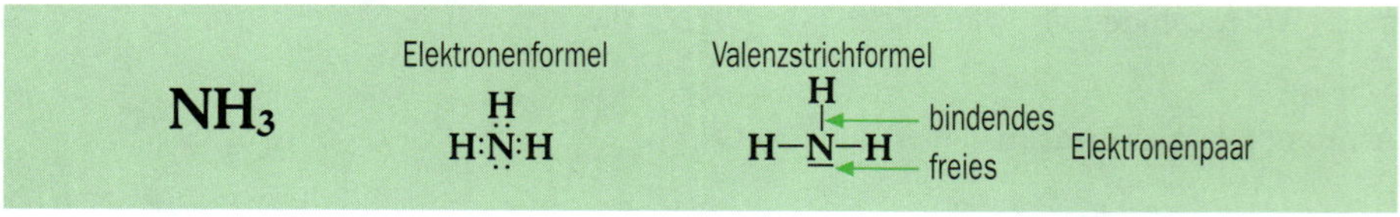

Wie man eine Valenzstrichformel herleiten kann, zeigen die folgenden etwas komplizierteren Beispiele.

Man verbindet die Atomsymbole zunächst nur mit einfachen Strichen, zählt dann die Zahl der bis jetzt „verbrauchten" Elektronen ab und versucht, unter Beachtung der Oktettregel die restlichen Valenzelektronen als freie Elektronenpaare zu verteilen. Ist die Zahl der zur Verfügung stehenden Elektronen zu klein, so fügt man in die Formel Doppelbindungen ein.

Falls „Außenelektronen" übrigbleiben, sind den Atomen zusätzlich freie Elektronenpaare zuzuordnen.

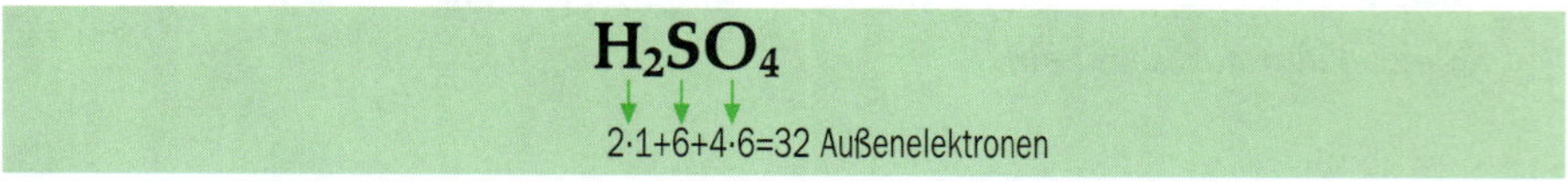

Um alle Atome durch Einfachbindungen miteinander zu verbinden, werden $6 \cdot 2 = 12$ Valenzelektronen benötigt:

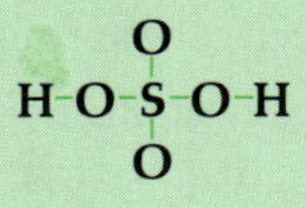

Es bleiben also noch $32 - 12 = 20$ Elektronen übrig, die gerade die Oktetts der Sauerstoff-Atome auffüllen. In die Formel müssen demzufolge *10* Querstriche eingezeichnet werden:

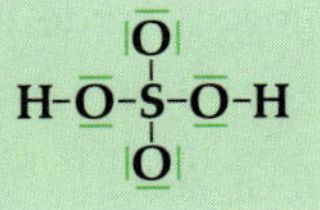

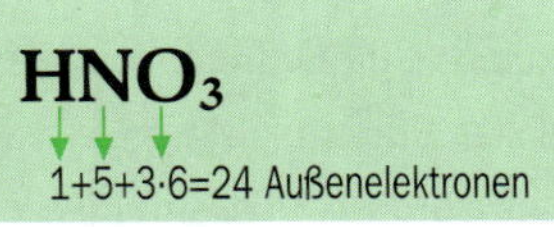

Versucht man, in einer entsprechenden Weise zur Valenzformel von Salpetersäure zu kommen, so kann man leicht feststellen, dass es hierbei unmöglich ist, die Oktettregel zu erfüllen, wenn nur Einfachbindungen zwischen den Atomen gezeichnet werden.

Für die Einfachbindungen werden acht Elektronen verbraucht:

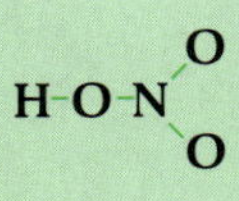

Es bleiben also $24 - 8 = 16$ Elektronen übrig, die zu verteilen sind:

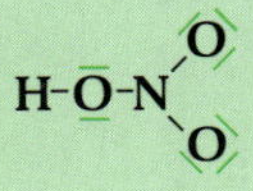

In der oben zuletzt gezeichneten Formel hat das Stickstoff-Atom jedoch *kein* Außenoktett. Dieses erhält es durch Einfügen einer Doppelbindung in die Formel:

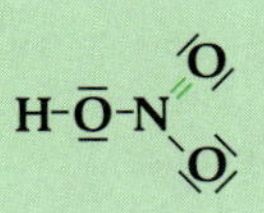

4.2.2 Formalladungen in Formeln

In der eben gezeichneten Formel der Salpetersäure besitzt jedes Atom (außer dem Wasserstoff-Atom) acht Außenelektronen. Da jedoch jedes Atom eines Moleküls i. d. R. jeweils nur *ein* Elektron zur Bindung beisteuert, stimmt die Zahl der Außenelektronen, die das Stickstoff-Atom im ungebundenen, neutralen Zustand besitzt (nämlich *fünf* laut Stellung im PSE) nicht mit der Zahl der ihm laut Formel gehörenden Elektronen (nämlich *vier*) überein. Außerdem hat ein isoliertes Sauerstoff-Atom bekanntlich *sechs* Außenelektronen laut Stellung im PSE. In der Formel trifft diese Elektronenzahl aber nur für das an der Doppelbindung beteiligte Sauerstoff-Atom zu.

Das einfach gebundene Sauerstoff-Atom hat hier *sieben* Elektronen.

Zur Korrektur derartiger Abweichungen wurde die sog. ***Formalladung*** eingeführt. Sie wird errechnet, indem man alle in der Formel zu einem betrachteten Atom gehörenden Elektronen (freie Elektronenpaare plus jeweils ein Elektron pro Bindung) addiert und diese Summe von der Anzahl der Valenzelektronen im freien, ungeladenen Atom subtrahiert.

Die Formalladung ist *keine echte Ladung,* sondern lediglich eine *formale* Korrekturgröße.

Da in unserem Beispiel das Stickstoff-Atom laut Formel *ein Elektron zu wenig* besitzt (vier statt fünf Elektronen), wird ihm *eine positive Formalladung* zugeordnet.

Entsprechend erhält das Sauerstoff-Atom mit *einem „überschüssigen" Elektron* (sieben statt sechs Elektronen) eine *negative Formalladung*

Beachten Sie, dass man jede positive bzw. negative Formalladung zur Unterscheidung von anderen Ladungsarten durch ein *Pluszeichen* bzw. *Minuszeichen in einem Kreis* symbolisiert! Für das gewählte Beispiel ergibt sich also die Formel

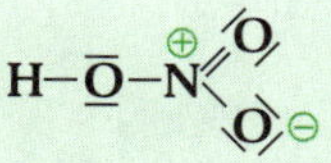

Nehmen wir als Ergänzung zum Beispiel Salpetersäure noch die entsprechende Formel für das Nitrat-Ion hinzu, so sind für HNO_3 bzw. NO_3^- natürlich mehrere alternative Schreibmöglichkeiten denkbar:

An dieser Stelle sei auch darauf hingewiesen, *dass die Summe der Formalladungen des betrachteten Moleküls bzw. Molekül-Ions gleich seiner tatsächlich vorhandenen Gesamtladung sein muss.*

Geben Sie die Valenzstrichformeln folgender Verbindungen an:

a) PCl_3 **b)** Cl_2O **c)** C_2H_4 **d)** SO_2 **e)** H_2CO_3

Während üblicherweise *beide* Bindungspartner jeweils ein Elektron zur Elektronenpaarbindung beisteuern, gibt es auch einige Beispiele, bei denen der eine Bindungspartner (hier: A|) *beide* Elektronen liefert, während der andere Bindungspartner (hier: B) eine ***Elektronenpaarlücke*** besitzt und demzufolge ein zusätzliches Elektron mit beansprucht[30] (vgl. folgende allgemeine Reaktionsgleichung).

$$A| + B \rightarrow A - B$$

Zwei konkrete Stoffbeispiele:

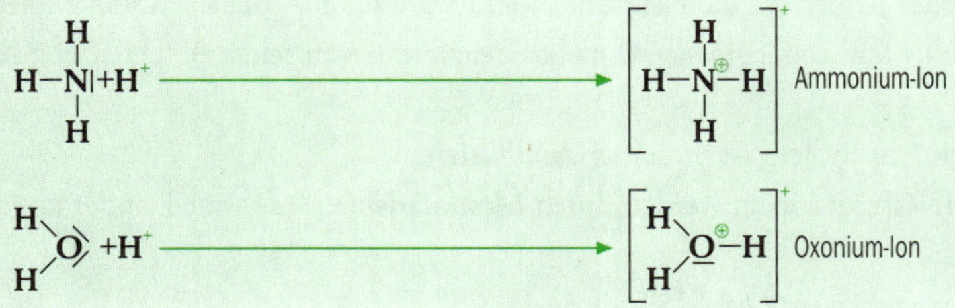

4.2.3 Mesomere Grenzformeln

Manche Moleküle können nicht mit Hilfe einer einzigen ***Lewisformel*** (Elektronenformel, Valenzstrichformel oder einer Kombination aus diesen beiden Darstellungsmöglichkeiten) beschrieben werden, da bei diesen Molekülen bestimmte bindende Elektronenpaare nicht nur zwischen zwei Atomen lokalisiert sind.

Sich über mehr als zwei Atome erstreckende bindende Elektronen bezeichnet man als <u>delokalisierte Elektronen</u>.

Um Moleküle mit delokalisierten Elektronen unter Verwendung der doch sehr anschaulichen Lewisformeln darzustellen, müssen *mehrere* Formeln für *ein* Molekül gezeichnet werden.

Jede dieser Formeln kennzeichnet jedoch einen eigentlich *irrealen Grenzzustand*. Daher nennt man solche Strukturen auch ***Grenzstrukturen***, die entsprechenden Darstellungen ***Grenzformeln***.

Den realen Zustand eines solchen Moleküls kann man sich sozusagen durch *Übereinanderprojizieren der Grenzstrukturen* vorstellen, wobei sich eine Art „Mischling" aus diesen Strukturen ergibt. Beachten Sie, dass hierbei die Grenzstrukturen nicht ineinander übergehen[31] (vgl. S. 38).

[30] Eine solche früher als koordinative oder semipolare Bindung bezeichnete Atombindung unterscheidet sich nicht von einer herkömmlichen Atombindung. Somit sind diese Spezialbezeichnungen eigentlich überflüssig.

[31] Ein anschaulicher Vergleich: Ein Muli ist ein „Mischling" aus einem Pferd und einem Esel, jedoch kein Lebewesen, das abwechselnd zum Pferd oder Esel wird.

Wenn zur Beschreibung der Elektronenverteilung eines Moleküls mehrere Lewisformeln erforderlich sind, spricht man von einem <u>mesomeren Molekül</u>. Diese Moleküleigenschaft wird als <u>Mesomerie</u> bezeichnet.

Energetisch gesehen ist es besonders *günstig*, wenn den Elektronen möglichst viel Raum zur Verfügung steht, weil sie sich gegenseitig abstoßen.

Je mehr Grenzstrukturen für die Beschreibung der Elektronenverteilung möglich sind, desto größer ist der für die Elektronen verfügbare Raum. Folglich ist ein Molekül um so *energieärmer* und somit *stabiler*, je mehr Grenzformeln zu seiner Beschreibung erforderlich sind.

Man sagt: Das System ist ***mesomeriestabilisiert***.

Mesomere Grenzformeln werden durch ***Mesomeriepfeile*** (↔) miteinander kombiniert.

<u>Mesomeriestabilisierte Molekül-Ionen:</u>

a) Carbonat-Ion

b) Nitrat-Ion

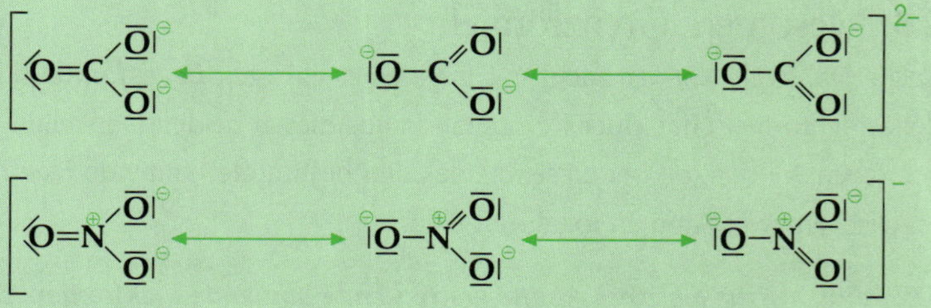

Die Delokalisation der Elektronen kann auch durch Einzeichnung punktierter oder gestrichelter Linien in einer einzigen Strukturformel (für die auf S. 37 bereits erwähnte Übereinanderprojektion) sozusagen verdeutlicht werden.

Für die beiden o. g. Ionen ergeben sich somit folgende Formeln:

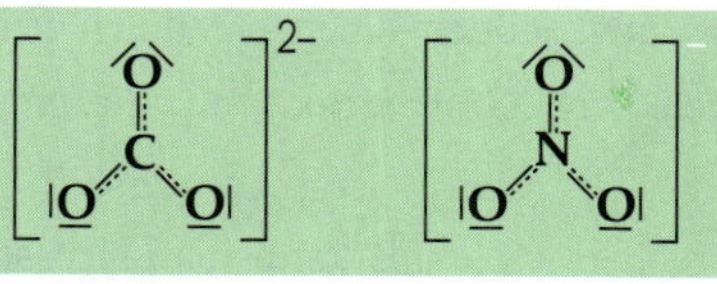

Geben Sie denkbare Valenzstrichformeln für folgende Moleküle bzw. Ionen an:
SO_3, NO, NO_2, N_2O, NO_2^-, H_3PO_4!

Zur Vermeidung einer unpräzisen Anwendung des Mesomeriebegriffes sind folgende Regeln zu beachten:

- Die Atomkerne der Moleküle müssen in den mesomeren Grenzformeln ungefähr die gleiche Stellung zueinander einnehmen. Vergleichbare Bindungslängen (vgl. Begriff „Bindungslänge" in Kap. 4.3) und Bindungswinkel (Winkel zwischen den Bindungsachsen[32]) in den einzelnen Grenzformeln dürfen sich nicht zu sehr voneinander unterscheiden.
- Alle an der Mesomerie beteiligten Molekülbereiche müssen möglichst in einer Ebene liegen, da nur in diesem Fall eine wirksame Überlappung der senkrecht zur Ebene stehenden p-Orbitale[33] möglich ist.
- In mesomeren Grenzformeln muss jeweils die gleiche Anzahl gepaarter bzw. ungepaarter Elektronen auftreten.
- Mesomere Bindungssysteme dürfen nur durch Grenzformeln vergleichbaren Energieinhalts beschrieben werden.

4.3 Bindungslänge

Unter der <u>Bindungslänge</u> versteht man die mittlere Entfernung der Atommittelpunkte zweier Bindungspartner auf der Bindungsachse.

Bindungslängen können durch Röntgenstrukturanalysen[34] an kristallinen Festkörpern ermittelt werden.

Bei den Bindungslängen handelt es sich um *Mittelwerte*, da die Untersuchung verschiedener Verbindungen, in denen die gleiche Bindung auftritt, zu unterschiedlichen Längenwerten für die betrachtete Bindung führt.

[32] Als Bindungsachse bezeichnet man die geradlinige Verbindung zwischen zwei Atommittelpunkten unmittelbar miteinander verbundener Atome.

[33] Vgl. hierzu z.B. Kap. 4.7.5.

[34] Vgl. Physikbuch.

Die beiden folgenden Vergleichsreihen zeigen typische *Parameter* der Bindungslänge (vgl. entsprechend umrahmte Werte in Tab. 40.1):

Bindung	Bindungslänge (pm)	Bindung	Bindungslänge (pm)
F–F	144	H–H	74
Cl–Cl	199	O=O	120,7
Br–Br	228	N≡N	109,4
I–I	267	C–C	154
F–H	92	C=C	135
Cl–H	127	C≡C	120
Br–H	141	C=C (Benzol)	139
I–H	161	C–Cl	176
O–H	96	C–H	107
N–H	100	C–O	143
C=O	122	C–N	147

Tab. 40.1 Bindungslängen von Atombindungen (gemessen in Picometer pm, 1 pm = 10^{-12} m*)*

1. Vergleich: Bindungslängen der *H-F-, H-Cl-, H-Br- und H-I-Bindung*

Die Bindungslänge steigt mit zunehmendem Atomradius der Bindungspartner.

Dies ist auf die unterschiedliche Raumbeanspruchung der Atome zurückzuführen.

Stark polare Bindungen[35] sind im Allgemeinen kürzer als weniger polare.

Zwischen den entgegengesetzt polarisierten Atomen wirken elektrostatische Anziehungskräfte, die für ein Zusammenrücken der Bindungspartner verantwortlich sind.

2. Vergleich: Bindungslängen der *C–C-Einfachbindung, C=C-Doppelbindung und C≡C-Dreifachbindung*

Ein Vergleich der Bindungslängen bei unterschiedlicher Bindungsanzahl zwischen identischen Atomen ergibt:
Einfachbindung > Doppelbindung > Dreifachbindung.

Eine Erklärung dieses Sachverhaltes kann erst später erfolgen.

[35] Zur Bindungspolarität vgl. Kap. 4.5!

Wir fassen zusammen:

> *Die Bindungslänge ist abhängig*
> - *vom Atomradius*
> - *von der Polarität*
> - *von der Bindungsordnung*[36]

4.4 Bindungsenergie[37] und Bindungsenthalpie

Unter der Bindungsenergie versteht man die Energie, die zur Aufspaltung einer Atombindung notwendig ist[38].

Die *unter konstantem Druck* bestimmte Bindungsenergie wird als ***Bindungsenthalpie*** bezeichnet.

Die Bindungsenergie stellt eine aus thermochemischen Messungen gewonnene Durchschnittsgröße dar.

Die drei folgenden Vergleichsreihen zeigen typische *Parameter* der Bindungsenthalpien (vgl. entsprechend umrahmte Werte in Tab. 41.1):

Bindung	Bindungsenthalpie (kJ/mol)	Bindung	Bindungsenthalpie (kJ/mol)	Bindung	Bindungsenthalpie (kJ/mol)
H–H	436	C–H	413	C–N	305
C–C	348	Si–H	318	C–O	358
Si–Si	176	N–H	391	C–F	489
F–F	159	P–H	322	C–Cl	339
Cl–Cl	242	As–H	245	C–Br	285
Br–Br	193	O–H	463	C–I	218
I–I	151	S–H	367	Si–F	586
S–S	255	Se–H	277	O–F	193
		Te–H	241	O–Cl	208
N≡N	945	F–H	567		
O=O	498	Cl–H	431	C=O	745
C=C	594	Br–H	366	C≡N	891
C≡C	778	I–H	298		

Tab. 41.1 Bindungsenthalpien von Atombindungen (gemessen in kJ/mol)

36 Anzahl der Atombindungen zwischen zwei Atomen

37 Vgl. hierzu auch S. 29 Kasten 2!

38 Der gleiche Energiebetrag wird bei der Bildung dieser Atombindung frei.

1. Vergleich: Bindungsenthalpien der *H–H-, Cl–Cl-, Br–Br-, I–I- und F–F-Bindung*

Die Bindungsenthalpie sinkt im Allgemeinen mit zunehmendem Atomradius der Bindungspartner.

Auffallend *klein* ist die Bindungsenthalpie bei Fluor-Molekülen.
Sie stellt einen wesentlichen Grund für die enorme Reaktionsfähigkeit von Fluor dar. Ursache für die relativ kleine Bindungsenthalpie ist die starke *Abstoßung der* beiden *kleinen, hochgeladenen Atomrümpfe und der freien Elektronenpaare.*

2. Vergleich: Bindungsenthalpien der *H–Cl- und H–S- sowie der H–Br- und H–Se-Bindung*

Die Bindungsenthalpie steigt mit zunehmender Polarität der Bindung.

Trotz etwa gleicher Bindungslängen – die Atomradien des Chlor-Atoms und des Schwefel-Atoms einerseits und des Brom-Atoms und des Selen-Atoms andererseits sind jeweils ähnlich groß – ist die Bindungsenthalpie der H–Cl-Bindung höher als die der H–S-Bindung bzw. die Bindungsenthalpie der H–Br-Bindung höher als die der H–Se-Bindung.

3. Vergleich: Bindungsenthalpien der *C–C-, C=C- und der C≡C-Bindungen*

Ein Vergleich der Bindungsenthalpien bei unterschiedlicher Bindungsanzahl zwischen identischen Atomen ergibt:
Dreifachbindung > Doppelbindung > Einfachbindung

Die Bindungsenthalpien sind wohl bei Mehrfachbindungen größer als bei vergleichbaren Einfachbindungen, bei einer C=C-Doppelbindung (bzw. C≡C-Dreifachbindung) jedoch *nicht* doppelt (bzw. *nicht* dreimal) so hoch wie die der C–C-Einfachbindung.
Die geringere *Kompaktheit der bindenden Elektronenwolken* ist u. a. für diese Ergebnisse verantwortlich.

Wir fassen zusammen:

Die Bindungsenthalpie ist abhängig von
- ***der Bindungslänge,***
- ***der Polarität,***
- ***der Bindungsordnung.***

4.5 Elektronegativität – Polarität – Dipolcharakter

In der Literatur wird der Begriff ***Elektronegativität (EN)*** sehr häufig verwendet, obwohl eigentlich keine wirklich eindeutige Methode zur experimentellen Bestimmung der EN-Werte existiert.

> ***Die <u>Elektronegativität</u> ist ein Maß für die Fähigkeit eines Atoms, in einer Atombindung Elektronen anzuziehen*** *(nach* PAULING*).*

Die Hauptschwierigkeit der EN-Bestimmung liegt wohl darin, dass sich die Elektronegativität auf das Verhalten eines Atoms in einem Atom*verband* – in einer *Einfach*bindung – bezieht und nicht auf einzelne, voneinander isolierte Atome im Gaszustand (wie z. B. die Ionisierungsenergie und die Elektronenaffinität).

Wiederholen Sie Kap. 3.3 S. 25 ff.!

Die Elektronegativität ist in hohem Maße von der *Art* und *Anzahl* der mit dem betrachteten Atom sonst noch verbundenen Atome abhängig.
PAULING hat eine EN-Skala zusammengestellt.
Der folgende Merkkasten gibt exemplarisch einige besonders häufig gebrauchte EN-Werte aus der Skala nach PAULING an.

> - ***<u>Fluor</u> hat definitionsgemäß den <u>EN-Wert 4,0</u>!***
> - *weitere EN-Werte: Be (1,5), B (2,0), C (2,5), N (3,0), O (3,5)*

Besitzen zwei Bindungspartner an einer Atombindung unterschiedliche EN-Werte, so *zieht das elektronegativere Atom die bindenden Elektronen stärker zu sich heran als das weniger elektronegative* (also elektropositivere).
Dies hat eine ***Polarisierung*** der Bindung zur Folge (vgl. auch S. 42).
Man bringt dies formal durch die Einführung elektrischer ***Partialladungen*** (Teilladungen, Überschussladungen) zum Ausdruck, die man dem Ladungsvorzeichen entsprechend allgemein mit δ^+ bzw. δ^- bezeichnet (δ: griech. Buchstabe delta). Die δ-Werte machen keine genauen Angaben über die eigentliche Ladungshöhe.
Nehmen wir als erstes allgemeines Beispiel ein *zweiatomiges Molekül* aus den Atomen A und B, wobei *A elektronegativer als B* sein soll:

$$\mathrm{EN(A) > EN(B)}: \quad \overset{\delta-}{\mathrm{A}} \blacktriangleright \overset{\delta+}{\mathrm{B}}$$

Das oben dargestellte Molekül AB hat ein elektronegatives und ein elektropositives Ladungszentrum.

Ein Molekül mit Zentren elektrisch positiver und elektrisch negativer Ladung wird als Dipolmolekül bezeichnet.

Da sich die verschiedenen Elemente in ihren EN-Werten unterscheiden, kann man folgern, dass zweiatomige, aus zwei verschiedenartigen Atomen zusammengesetzte Moleküle stets ***Dipole*** sind. Aus der *Größe der EN-Differenz* ergibt sich die *Stärke des Dipolcharakters*[39]. Es sei daran erinnert, dass die Polarität einer Atombindung einen Einfluss auf die Bindungslänge und die Bindungsenergie hat (vgl. hierzu S. 40 ff.).
Liegen *drei-* oder *mehratomige Moleküle* vor, so entscheidet neben der Elektronegativität der Bindungspartner auch der *Molekülbau* über den Dipolcharakter.
Wir wollen uns dies anhand einiger Beispiele veranschaulichen.

a) Moleküle *ohne Dipolcharakter*

b) Moleküle *mit Dipolcharakter*

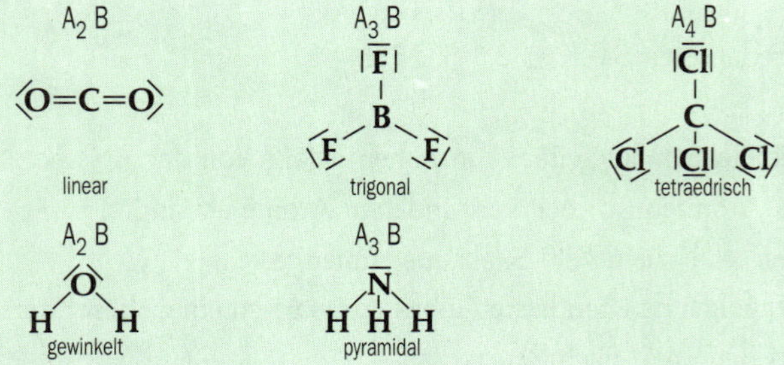

Moleküle der allgemeinen Formel A_2B, A_3B und A_4B haben nur dann keinen Dipolcharakter, wenn sie geometrisch regelmäßig aufgebaut sind, also einen linearen, regelmäßig trigonalen oder z. B. tetraedrischen Bau besitzen.
Bei unregelmäßiger Anordnung der Atome heben sich die Dipolmomente der einzelnen Bindungen nicht gegenseitig auf, so dass das Molekül ein Dipol ist.

Besonders bemerkenswert ist die Tatsache, dass die Stärke der Polarität einer Atombindung für die Reaktionsfähigkeit einer Verbindung keineswegs allein verantwortlich ist.
So ist beispielsweise in der Reihe HF–HCl–HBr–HI die Bindung im Hydrogenfluorid-(Fluorwasserstoff-)Molekül am stärksten, im Hydrogeniodid-(Iodwasserstoff-)Molekül am schwächsten polar (Erklärung: EN(F) > EN(I)).
Jedoch ist in der genannten Reihe Hydrogeniodid die stärkste und Hydrogenfluorid die schwächste Säure. Dies lässt sich wie folgt erklären:

[39] Die Stärke des Dipolcharakters wird durch das *Dipolmoment* ausgedrückt (vgl. Physikbuch).

Das HI-Molekül besitzt eine erheblich größere Bindungslänge als das HF-Molekül (vgl. entsprechende Tabellenwerte auf S. 40). Deshalb kann die Bindung im HI-Molekül von Wasser-Molekülen leichter *polarisiert* und leichter gespalten werden[40]. Hydrogeniodid hat eine geringere Bindungsenergie als Hydrogenfluorid (vgl. entsprechende Tabellenwerte auf Seite 41). Wir schließen aus diesen Ergebnissen.:

Nicht die Polarität einer Bindung, sondern die Polarisierbarkeit durch einen Reaktionspartner ist für die Reaktionsfähigkeit einer Verbindung verantwortlich.

4.6 Das einfachste aller Moleküle

Die Elektronen eines Atoms befinden sich in bestimmten Aufenthaltsräumen (Orbitalen; vgl. S. 11). Diese Atomorbitale (Abkürzung: AO) können jeweils maximal zwei Elektronen aufnehmen (vgl. S. 17).

Ein Wasserstoff-Atom (H) besitzt ein 1s-Elektron, das sich im 1s-Orbital aufhält.

Auf S. 34 sind die Elektronenformel und die Valenzstrichformel des Wasserstoff-Moleküls (H_2) dargestellt. Diese zeigen, dass ein Wasserstoff-Atom durch Mitbeanspruchung des Elektrons eines zweiten Wasserstoff-Atoms die energetisch günstige Elektronenkonfiguration von Helium (nämlich 2 Außenelektronen) erreicht.

Wie kann man sich die dabei entstehende Atombindung anschaulich vorstellen?

Ein Wasserstoff-Molekül entsteht dadurch, dass sich zwei Wasserstoff-Atome mit ihren kugelförmigen 1s-AO zunächst einander nähern. Mit zunehmender Annäherung der beiden Atome überlagern sich die Aufenthaltsräume der 1s-Elektronen. Man sagt auch: Die ***Atomorbitale überlappen*** (Abb. 45.1).

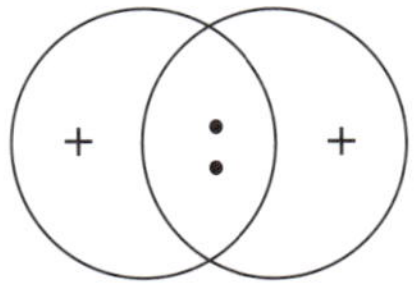

Abb. 45.1 Überlappung zweier s-Orbitale am Beispiel von Wasserstoff

Schließlich entsteht eine einzige Ladungswolke, die beide Atomkerne umhüllt, sich also über das gesamte Molekül erstreckt. Durch die Kombination der beiden AO bildet sich ein sog. ***Molekülorbital*** (Abkürzung: MO).

Voraussetzung für eine erfolgreiche Überlappung der beiden 1s-AO ist eine entgegengesetzte Spinorientierung der beiden zu kombinierenden 1s-Elektronen.

[40] An späterer Stelle wird noch genauer diskutiert, dass die Leichtigkeit der H^+-Abspaltung bei Stoffen in engem Zusammenhang mit der Säurestärke dieser Stoffe steht.

Das aus den 1s-AO gebildete MO wird als *σ-**Molekülorbital*** (σ: griech. Buchstabe sigma) bezeichnet (Abb. 46.1)

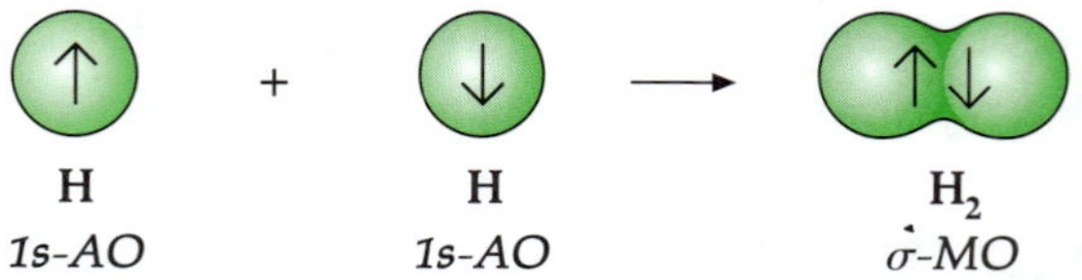

Abb. 46.1 Entstehung eines σ-MO durch Überlappung zweier 1s-AO von Wasserstoff. Die Pfeile deuten die Spinorientierung der Elektronen an.

Das σ-MO hat eine zylindrische (anschaulicher ausgedrückt: „wurstförmige") Form. Betrachtet man es in Richtung der Kernverbindungsachse und lässt es um diese sozusagen rotieren, so zeigt sich immer das gleiche Bild.
Mathematisch ausgedrückt: Das σ-MO ist ***rotationssymmetrisch*** (Abb. 46.2).

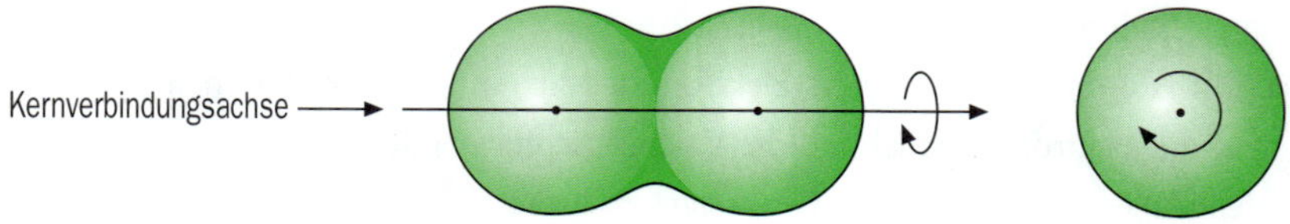

Abb. 46.2 Das σ-MO ist rotationssymmetrisch. In Richtung der Längsachse betrachtet ergibt sich das rechts dargestellte Bild.

Zwischen den beiden Kernen ist die Elektronendichte erhöht.
Elektrostatische Anziehungskräfte zwischen den Atomkernen und dieser verdichtete Ladungswolke bewirken den Zusammenhalt des Moleküls.
Dieser Zustand ist energetisch besonders günstig (energiearm) und daher stabil.
Der Abstand der Atomkerne beträgt in diesem Fall 74 pm.
Will man diesen Abstand der Atommittelpunkte (die Bindungslänge; vgl. auch S. 39) vergrößern, so muss man Energie zuführen. Um die Wasserstoff-Atome gegen ihre elektrostatische Anziehung wieder vollständig voneinander zu trennen, also das Wasserstoff-Molekül in seine Einzelatome zu zerlegen, muss die entsprechende Bindungsenergie (vgl. S. 41) zugeführt werden.
Nun haben wir ein anschauliches Bild von den Bindungsverhältnissen im Wasserstoff-Molekül erhalten und können abschließend feststellen:

Der durch Molekülorbitale bewirkte Zusammenhalt zwischen zwei oder mehreren Atomen heißt Atombindung.

4.7 Hybridisierung und Orbitalgeometrie bei komplizierten Molekülen

4.7.1 Das Methan-Molekül

Die Elektronenkonfiguration des Kohlenstoff-Atoms im

Grundzustand: 1s [↑↓] 2s [↑↓] 2p [↑|↑|]

lässt eigentlich ein *„CH_2-Molekül"* erwarten. Im Methan-Molekül sind jedoch *vier Wasserstoff-Atome* um das Kohlenstoff-Atom völlig regelmäßig ***tetraedrisch*** angeordnet.
Die Wechselwirkungen sowohl zwischen den Protonen als auch zwischen den Elektronen sind auf diese Weise am geringsten; diese Konfiguration ist also *energieärmer* (stabiler) als jede andere.
Die *Vierbindigkeit des Kohlenstoffs* kann nur dadurch erklärt werden, dass *vier einfach besetzte Atomorbitale (AO)* vorhanden sind. Deshalb muss angenommen werden, dass ein 2s-Elektron unter *Energieaufnahme* in ein (energetisch höher liegendes) 2p-AO übergeht. Man nennt diesen Vorgang ***Promovierung*** und die dazu erforderliche Energie ***Promovierungsenergie***.

Unter Promovierung versteht man die Anhebung von Elektronen eines Atoms in ein höheres Energieniveau.

Der dabei erreichte Zustand des Kohlenstoff-Atoms ist durch folgende Elektronenkonfiguration charakterisiert und heißt

angeregter Zustand: 1s [↑↓] 2s [↑] 2p [↑|↑|↑]

Nach der oben dargestellten Elektronenverteilung für den *angeregten Zustand* wäre die Ausbildung von vier Bindungen und somit die Entstehung des Methan-Moleküls mit der Formel CH_4 denkbar. In diesem Falle würden das 2s-AO und die drei 2p-AO des Kohlenstoff-Atoms durch Überlappung mit den 1s-AO von vier Wasserstoff-Atomen jeweils ein σ-Orbital bilden. Es ist jedoch leicht einzusehen, dass sich *ein* σ-Orbital von den drei anderen *unterscheiden* würde, da es auf eine andere Art entstand.
Folglich muss man eine *Nivellierung des 2s-AO und der drei 2p-AO zu energetisch gleichwertigen Orbitalen* annehmen.

Die Nivellierung von Orbitalen verschiedenen Energieinhalts zu energetisch gleichwertigen Orbitalen heißt (Valenz-)Hybridisierung.
Die bei der Hybridisierung entstehenden Orbitale nennt man Hybridorbitale oder q-Orbitale.
Nach der Hybridisierung liegt ein Atom im hybridisierten Zustand vor.

Aus dem 2s-Orbital und den drei 2p-Orbitalen des Kohlenstoff-Atoms entstehen demzufolge *vier gleichwertige q-Orbitale*:

hybridisierter Zustand: 1s [⇅] 2q [| | | |] (hier: $2sp^3$)

Wie die obige Darstellung der Elektronenkonfiguration für den Hybridzustand (im strengeren Sinne: Valenzzustand) zeigt, haben die Elektronen der q-Orbitale *keine Spinorientierung,* was man formal durch das Weglassen der Pfeilspitzen zum Ausdruck bringt. Außerdem sind Valenzzustände stets nur *einfach besetzt.* Da in unserem Beispiel *ein s-AO und drei p-AO hybridisieren,* spricht man herkunftsbezogen auch von einer ***sp^3-Hybridisierung***[41]. Die vier entstandenen q-Orbitale kann man auch genauer ***sp^3-Hybridorbitale*** oder noch exakter ***$2sp^3$-Hybridorbitale*** nennen.
Unter den beschriebenen Voraussetzungen lässt sich nun der regelmäßig ***tetraedrische Bau des Methan-Moleküls (CH_4)*** recht einfach erklären: durch Überlappung der 1s-AO der vier Wasserstoff-Atome mit jeweils einem $2sp^3$-Hybridorbital des Kohlenstoff-Atoms zu vier gleichwertigen σ-Molekülorbitalen (σ-MO), die sich aufgrund gegenseitiger Abstoßung nach den Ecken eines Tetraeders ausrichten. Der ***Bindungswinkel*** zwischen den σ-MO beträgt jeweils ***109,5°*** (genau: 109° 28′). Dies entspricht dem ***Tetraederwinkel***.
Wir erhalten folgendes Molekülbild (hier im Vergleich mit der entsprechenden Lewisformel):

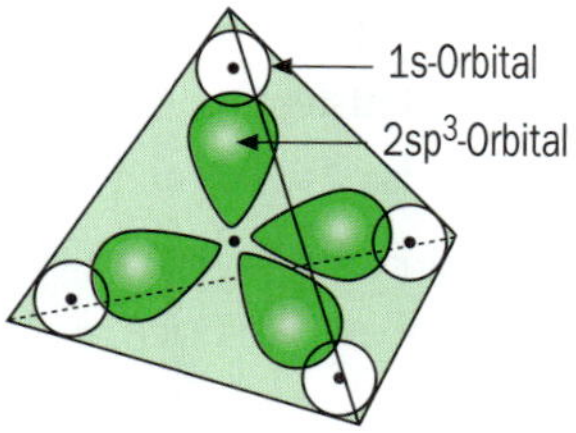

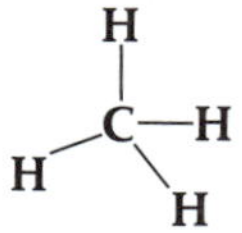

[41] Sprich: es-pe-drei -Hybridisierung

4.7.2 Das Ammoniak-Molekül

Das Stickstoff-Atom im Ammoniak-Molekül (NH_3) liegt zur Ausbildung der Bindungen wahrscheinlich auch im ***sp^3-hybridisierten*** Zustand vor.

Zur Erklärung gehen wir hier ebenfalls zunächst wieder vom *Grundzustand* aus:

Grundzustand: 1s [↑↓] 2s [↑↓] 2p [↑][↑][↑]

Nach der oben dargestellten Elektronenkonfiguration für den Grundzustand würden *drei gleichwertige 2p-Orbitale mit gleichmäßiger Raumausrichtung,* nämlich $\mathbf{2p_x}$, $\mathbf{2p_y}$ und $\mathbf{2p_z}$, für die Ausbildung der Bindungen zur Verfügung stehen.

Unter dieser Voraussetzung wäre ein *Bindungswinkel von 90°* zu erwarten, denn diese Anordnung der hantelförmigen p-Orbitale entspräche einer optimalen Ausrichtung der sich abstoßenden negativen Ladungswolken (vgl. S. 21).

Der Bindungswinkel im Ammoniak-Molekül beträgt aber 107,2°, liegt also in der Größenordnung des Tetraederwinkels (zur Erinnerung: 109,5°).

Dies spricht für die Annahme einer ***sp^3-Hybridisierung***, ebenso die Tatsache, dass sp^3-Hybridorbitale zu einer stärkeren Bindung führen als reine p-Orbitale, da Hybridorbitale eine vergleichsweise größere Überlappung ermöglichen.

Unter Berücksichtigung dieser Aspekte sind folgende Elektronenkonfigurationen zu erwarten:

angeregter Zustand: 1s [↑↓] 2s [↑] 2p [↑↓][↑][↑]

hybridisierter Zustand: 1s [↑↓] $2sp^3$ [↑↓][|][|][|]

Die Elektronenkonfiguration im Valenzzustand lässt erkennen, dass *ein Hybridorbital doppelt besetzt* ist und somit nicht für eine Bindung beansprucht werden kann. Die in diesem Hybridorbital enthaltenen Elektronen stellen ein ***freies Elektronenpaar*** (vgl. S. 34) dar.

Da dieses einen größeren Raum als die bindenden Elektronenpaare einnimmt, ist die Abstoßung zwischen diesem und den Bindungselektronenpaaren größer als zwischen den bindenden Elektronen untereinander. Daraus ergibt sich eine Art Stauchungseffekt, wodurch der Bindungswinkel verringert wird.

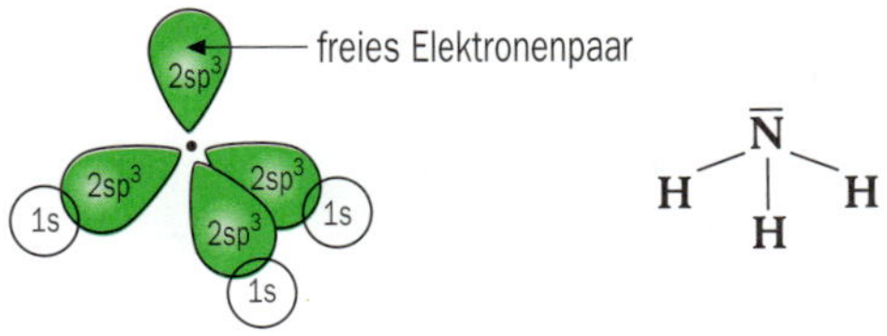

Abb. 49.1 Orbitalbild und Valenzstrichformel des Ammoniak-Moleküls

4.7.3 Das Wasser-Molekül

Auch für das Sauerstoff-Atom im Wasser-Molekül kann eine Valenzhybridisierung angenommen werden:

Grundzustand: 1s [↑↓] 2s [↑↓] 2p [↑↓ | ↑ | ↑]

angeregter Zustand: 1s [↑↓] 2s [↑] 2p [↑↓ | ↑↓ | ↑]

hybridisierter Zustand: 1s [↑↓] $2sp^3$ [↑↓ | ↑↓ | ↑ | ↑]

In diesem Fall sind *zwei Hybridorbitale mit freien Elektronenpaaren* beteiligt. Die voluminösen Ladungswolken dieser freien Elektronenpaare vermindern ebenfalls den Bindungswinkel zwischen den beiden Sauerstoff-Wasserstoff-Bindungen.
Der Bindungswinkel im Wasser-Molekül *weicht noch stärker vom Tetraederwinkel ab,* weil *beide* nicht an den Bindungen beteiligten Elektronenpaare die bereits angesprochene Stauchungswirkung ausüben.
Der ermittelte Bindungswinkel im Wasser-Molekül beträgt nur noch 104,5°.

Zeichnen Sie ein Orbitalbild vom Wasser-Molekül!

4.7.4 Das Diamant- und das Grafitgitter

Bei Diamant und Grafit liegen *keine Einzelmoleküle* vor.
Diese ***Modifikationen*** (Zustandsformen) des Kohlenstoffs besitzen eine jeweils charakteristische *Gitterstruktur*.
Im *Diamant* ist jedes Kohlenstoff-Atom *sp^3-hybridisiert*. Es besitzt als *vier tetraedrisch ausgerichtete Hybridorbitale,* über die die einzelnen Kohlenstoff-Atome miteinander in Verbindung stehen (Abb. 50.1).

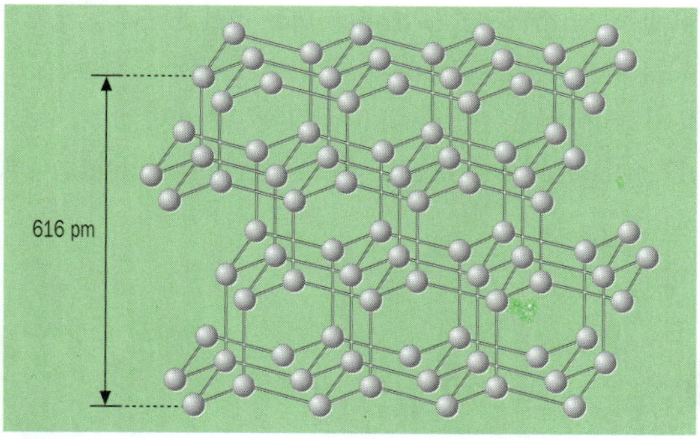

Abb. 50.1 Diamant-Gitter (Ausschnitt)

Es liegt folglich ein ***Atomgitter*** vor.
Die *große Bindungsenthalpie* und die *große Gitterenergie* sind für die besonderen Eigenschaften von Diamant verantwortlich.
Da alle Valenzelektronen der Kohlenstoff-Atome zur Ausbildung der Bindungen herangezogen werden, *leitet* Diamant *nicht den elektrischen Strom.*

Im *Grafit* liegt jedes Kohlenstoff-Atom im *sp^2-hybridisierten* Zustand vor, so dass sich eine *trigonale*[42] *Anordnung der Hybridorbitale* und der daraus resultierenden σ-Bindungen ergibt (Abb. 51.1). Auf Grund dieses typischen *Gitteraufbaus mit Schichtstruktur* und der Tatsache, dass an jedem Kohlenstoff-Atom ein Elektron im p-Niveau verbleibt und *alle p-Elektronen delokalisiert* sind, lassen sich beispielsweise folgende physikalische Eigenschaften von Grafit erklären:
Grafit ist relativ *weich*, *schwarz* (fast vollständige Lichtabsorption), *in Schichten spaltbar* und *leitet elektrischen Strom*, und zwar in Schichtrichtung besser als senkrecht dazu. Die Schichten im Grafitkristall werden nur durch *schwache Van-der-Waals-Kräfte*[43] zusammengehalten.
Wie die Abb. 51.1 zeigt, liegen die Kohlenstoff-Atome innerhalb der Einzelschichten in *hexagonal-ebenen Ringen* vor.

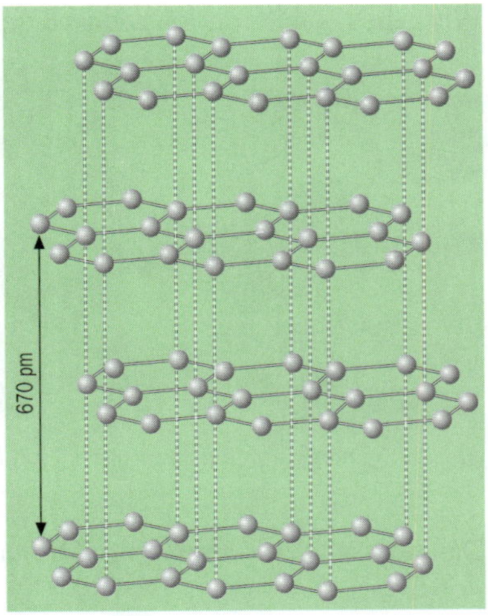

Abb. 51.1 Grafit-Gitter (Ausschnitt)

4.7.5 Das Ethen-Molekül

Neben den einfachen Kohlenwasserstoffverbindungen, wie z. B. Methan (CH_4) (vgl. S. 47 f.), bei denen nur Einfachbindungen zwischen den Kohlenstoff-Atomen und Wasserstoff-Atomen auftreten, gibt es auch Kohlenwasserstoffe mit Doppelbindungen.
Das einfachste Beispiel für eine solche Verbindung *mit einer Doppelbindung* ist das ***Ethen*** (Ethylen). Dieser Stoff hat die *Summenformel* C_2H_4.
Im Ethen-Molekül ist jedes Kohlenstoff-Atom mit zwei Wasserstoff-Atomen und dem anderen Kohlenstoff-Atom durch je eine Einfachbindung (σ-Bindung) verbunden.
Die *Vierbindigkeit von Kohlenstoff* kann nur durch die Annahme einer Doppelbindung erklärt werden. Da eine sp^3-Hybridisierung wie im Methan-Molekül zur Ausbildung von vier gleichwertigen Einfachbindungen führt, muss im Ethen-Molekül eine andere Art der Hybridisierung angenommen werden. Dabei bildet jedes Kohlenstoff-Atom *drei gleichwertige σ-Bindungen* aus.
Dies setzt eine ***sp^2-Hybridisierung*** voraus. Es erfolgt also eine *Nivellierung des 2s-AO mit zwei 2p-AO zu drei q-Orbitalen*. Ein Elektron verbleibt im $2p_x$-Orbital.

[42] Vgl. S. 44!
[43] Vgl. Kap. 6.1!

Wir gehen somit von folgendem ***Energiestufendiagramm*** (Abb. 52.1) aus:

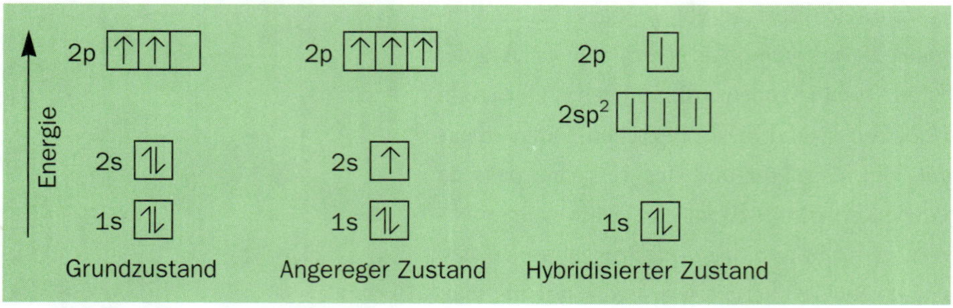

Abb. 52.1 Energiestufendiagramm zur Erklärung der sp^2-Hybridisierung von Kohlenstoff

Die räumliche Anordnung der Orbitale und Bindungen lässt sich wie folgt darstellen:

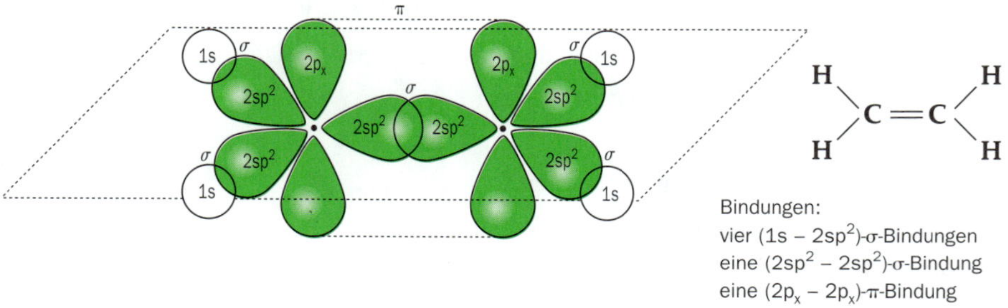

Abb. 52.2 Orbitalbild und Valenzstrichformel des Ethen-Moleküls

Wie wir in der Abb. S. 52.2 erkennen, liegen *alle σ-Bindungen in einer Ebene*. Die beiden *$2p_x$-Orbitale stehen senkrecht* zur Ebene und treten ober- und unterhalb von dieser in Wechselwirkung. So entsteht eine zusätzliche Bindung, eine sog. ***π-Bindung***, zwischen den beiden Kohlenstoff-Atomen.

Eine π-Bindung kommt durch doppelte Überlappung zweier einfach besetzter paralleler Atomorbitale (hier: p-AO[44]) zu Stande.
Die Ausbildung der π-Bindung hat einen Verlust der freien Drehbarkeit der Bindungspartner zur Folge.
π-Bindungen sind im Gegensatz zu σ-Bindungen nicht rotationssymmetrisch.

[44] Auch die geeignete Kombination zweier d-Orbitale oder eines p- und eines d-Orbitals kann zu einer π-Bindung führen.

4.7.6 Das Ethin-Molekül

Ethin (C_2H_2) ist die einfachste Kohlenwasserstoffverbindung mit einer ***Dreifachbindung***. Die beiden Kohlenstoff-Atome sind ***sp-hybridisiert***.

Demzufolge befindet sich *zwischen den Kohlenstoff-Atomen und Wasserstoff-Atomen jeweils eine σ-Bindung* und *zwischen den* beiden *Kohlenstoff-Atomen eine σ-Bindung und zwei π-Bindungen.*

Die beiden π-Bindungen sind das Ergebnis der *jeweiligen Überlappung zweier* $2p_x$*-Orbitale und zweier* $2p_y$*-Orbitale untereinander.*

Die Elektronenkonfiguration eines Kohlenstoff-Atoms im sp-hybridisierten Zustand (Valenzzustand) lässt sich folgendermaßen darstellen (Abb. 53.1):

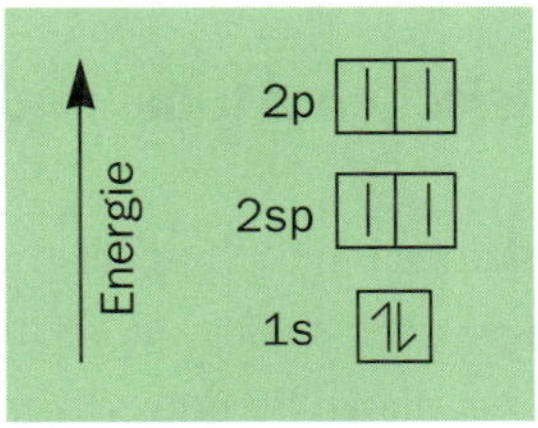

Abb. 53.1 Elektronenkonfiguration eines Kohlenstoff-Atoms im sp-hybridisierten Zustand

Hinweis: *Die Elektronenkonfigurationen im Grundzustand und im angeregten Zustand entsprechen den Angaben auf S. 52!*

Unter Berücksichtigung der Tatsache, dass *alle σ-Bindungen* (ähnlich wie beim Ethen-Molekül) *in einer Ebene* liegen und *die beiden* $2p_x$*- und* $2p_y$*-Orbitale* – wie gesagt – *paarweise oder- oder unterhalb dieser Ebene überlappen,* erhalten wir folgendes Bild von der Orbitalgeometrie (Abb. 53.2):

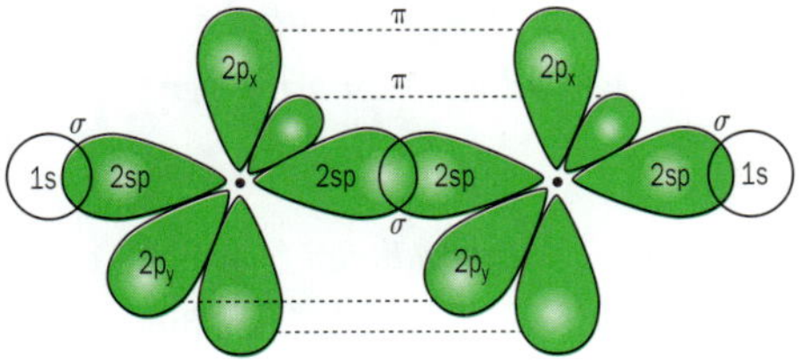

H—C≡C—H

Bindungen:
zwei (1s – 2sp)-σ-Bindungen
eine (2sp – 2sp)-σ-Bindung
eine ($2p_x$ – $2p_x$)-π-Bindung
eine ($2p_y$ – $2p_y$)-π-Bindung

Abb. 53.2 Orbitalbild und Valenzstrichformel des Ethin-Moleküls

Erläutern Sie unter Verwendung von Energiestufendiagrammen und Orbitalbildern die Orbitalgeometrie der Moleküle folgender Verbindungen:

a) But-1-en **b)** Propadien **c)** Pent-1-en-3-in!

4.7.7 Energetische Aspekte der Hybridisierung

Vom energetischen Standpunkt aus betrachtet ist es zunächst eigentlich nicht einzusehen, warum Atome von einem relativ *energiearmen (stabilen) Grundzustand* in einen *energiereicheren (instabilen) Valenzzustand* übergehen.

Die für diesen Vorgang aufzubringende Energie wird jedoch zurückgewonnen, weil Atome im Valenzzustand *mehr* Bindungen eingehen können als im Grundzustand. Es erfolgt also sozusagen eine „Überkompensation" der zunächst aufgenommenen Energie durch die danach abgegebene Energie.

Die Hybridisierung von Atomorbitalen erhöht die Bindigkeit der Atome.

4.8 Zusammenhang zwischen Atom- und Ionenbindung im Überblick

Durch Vergleich chemischer Reaktionen und physikalischer Daten kann man zeigen, dass die meisten chemischen Bindungen *weder* reine Atom- *noch* reine Ionenbindungen darstellen. Vielmehr handelt es sich bei diesen Bindungstypen um *Extremfälle*. Dies lässt sich beispielsweise an der folgenden Reihe von Verbindungen erkennen:

$NaCl$ $MgCl_2$ $AlCl_3$ $SiCl_4$ PCl_3 SCl_2 Cl_2

Ionenbindung ... *Atombindung*

Am Anfang bzw. Ende dieser Reihe findet man zwei Extremfälle: eine typische Ionenbindung bei *NaCl* bzw. eine typische Atombindung bei *Cl_2*:

Hinweis: Beachten Sie, dass die Begriffe „Ionenbindung" und „Ionenverbindung" nicht verwechselt werden dürfen!

Ionenbindungen liegen vor allem zwischen Metall-Atomen mit niedriger Ionisierungsenergie und Nichtmetall-Atomen mit hoher Elektronenaffinität vor.
Reine Atombindungen sind nur zwischen identischen Atomarten verwirklicht.

Im Chlor-Molekül sind zwei Atome mit gleicher *Elektronegativität* (vgl. S. 43 f.) miteinander verbunden. Somit werden die bindenden Elektronen von beiden Bindungspartnern gleich stark angezogen, woraus eine *unpolare Atombindung* resultiert.

Derartige Extremfälle wie die „ideale Atombindung" und die „ideale Ionenbindung" treten allerdings recht selten auf. Dies lässt sich durch die ***deformierende Wirkung*** begründen, die ein *kleines Kation* auf die Elektronenwolke eines *großen Anions* ausübt. Ein weiterer Grund ist die Ausbildung von *Partialladungen* (vgl. S. 43), die sich durch EN-Unterschiede der miteinander verbundenen Atome ergeben. Besonders *kleine, hochgeladene Kationen* haben eine *große deformierende Wirkung*. Andererseits sind *große, hochgeladene Anionen leicht deformierbar*, da ihre äußersten Elektronen einen relativ großen Kernabstand haben. Da Kationen verhältnismäßig kleiner und kompakter als Anionen sind, ist die Deformation der Elektronenhülle eines Kations durch ein Anion gewöhnlich vernachlässigbar gering.

Anschaulich kann man sich den fließenden Übergang zwischen Ionenbindung und Atombindung etwa wie folgt vorstellen:

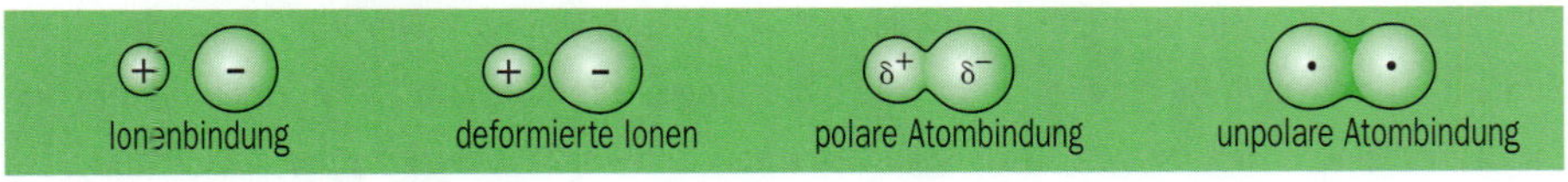

Abb. 55.1 Schematische Darstellung des Zusammenhangs zwischen Ionen- und Atombindung

5 Die Metallbindung

Metalle sind – in fein verteiltem Zustand – meist schwarz und sie leiten den elektrischen Strom. Die *schwarze Farbe* (aufgrund praktisch totaler Lichtabsorption) und die *elektrische Leitfähigkeit* haben wir bereits bei der Kohlenstoffmodifikation Grafit (vgl. S. 51) als besondere Stoffeigenschaften herausgestellt und auf das Vorhandensein *delokalisierter Elektronen* zurückgeführt.

Während im Grafit eine *zweidimensionale Delokalisierung* (zwischen den einzelnen Schichten) angenommen wird, muss man bei einem ***Metallkristall*** von einer *dreidimensionalen Delokalisierung* der Elektronen zwischen den sog. ***Atomrümpfen*** ausgehen.

Metall-Atome sind durch besonders *niedrige Ionisierungsenergien* (vgl. S. 25 ff.) und *kleine EN-Werte* ausgezeichnet. Metall-Atome haben demzufolge ein relativ *großes Bestreben, Elektronen abzugeben* und *Kationen zu bilden.*

In einem Metallkristall sind die Valenzelektronen praktisch völlig von ihren Stammatomen losgelöst und füllen den gesamten Raum zwischen den *Metall-Ionen* (Atomrümpfen) im Kristall aus.

Unterschiede in der *Festigkeit der Metallbindung* können u. a. durch die *Anzahl der Elektronen* erklärt werden, die jedes Metall-Atom „liefert".

Bei den *Alkalimetallen* steuert jedes Atom nur *ein Elektron* zur Gesamtzahl an delokalisierten Elektronen bei, bei den *Erdalkalimetallen* sind es jeweils *zwei.* Alkali- und Erdalkalimetalle sind relativ weich.

Die *große Härte der Übergangsmetalle* ist darauf zurückzuführen, dass bei diesen *auch Elektronen der inneren d-Orbitale als Valenzelektronen* fungieren können.

Hinweis: Als Übergangsmetalle bezeichnet man die Elemente, deren Atome eine unvollständige d-Schale besitzen oder die ein oder mehrere Kationen mit inkompletten d-Schalen bilden können. Demnach gehören hierzu beispielsweise in der 4. Periode die Elemente Scandium (Sc) bis Zink (Zn) (vgl. PSE).

Abschließend sei erwähnt, dass sich die Atome im Metallkristall nach bestimmten geometrischen Gesichtspunkten in sog. ***dichtesten Kugelpackungen*** mit charakteristischen ***Lücken*** anordnen.

6 Stoffeigenschaften und ihre Ursachen

6.1 Schmelz- und Siedetemperatur

Die Schmelz- und Siedetemperaturen hängen von den *Kräften* ab, die *zwischen den Stoffteilchen* wirksam sind:

* *Elektrostatische Anziehungskräfte* sind relativ stark. Daher haben *Ionenverbindungen* (Salze, Metalloxide und Metallhydroxide) i. d. R. besonders *hohe* Schmelz- und Siedetemperaturen.

  Die Höhe dieser Werte hängt hauptsächlich von der *Gitterenergie* (vgl. S. 29 ff.) ab.
* Die Schmelz- und Siedetemperaturen bei *Stoffen mit Atombindung* sind u.a. davon abhängig, ob die betreffenden Moleküle *polar* oder *unpolar* sind. Zwischen unpolaren Molekülen (mit relativ kleiner Molekülmasse) herrschen verhältnismäßig schwache *Van-der-Waals-Kräfte*. Diese Anziehungskräfte sind *jeder* Materie eigen. Van-der-Waals-Kräfte entstehen durch eine *asymmetrische Elektronenverteilung* in einem Molekül. Wegen der Bewegung der Elektronen ist die elektrische Ladungsdichte in einem solchen Molekül in einem bestimmten Raumabschnitt zeitlich nicht konstant. Vielmehr kommt es immer wieder zu kurzfristigen ungleichmäßigen Ladungsverteilungen. Als Folge hiervon entstehen vorübergehend *Partialladungen* in dem betreffenden Molekül. Man spricht in diesem Falle von einem ***fluktuierenden Dipol*** (Abb. 57.1).

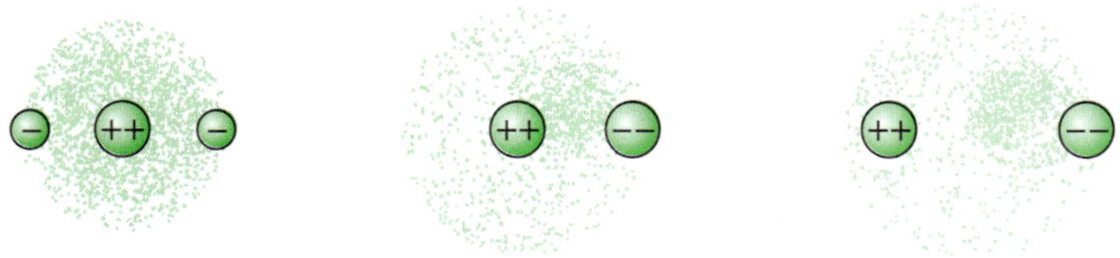

Abb. 57.1 Ein fluktuierender Dipol entsteht durch kurzfristige Ladungsverschiebungen

Da Van-der-Waals-Kräfte durch Elektronenbewegungen verursacht werden, ist erwartungsgemäß die Stärke dieser Wechselwirkungen direkt von der Elektronenanzahl im Molekül und natürlich indirekt von der Atom- bzw. Molekülmasse abhängig. Dies kann man beispielsweise belegen durch einen Vergleich der Siedetemperaturen in Abhängigkeit von der *Atommasse* bei den *Edelgasen*.

Ähnliche Betrachtungen lassen sich anstellen für die Abhängigkeit der Siedetemperaturen von der *Molekülmasse* bei den *Halogenen*.

Die meisten *unpolaren organischen Verbindungen* mit entsprechend großer Molekülmasse zersetzen sich eher, als dass sie sieden.

In diesem Falle sind die *intermolekularen Wechselwirkungen* (also die Van-der-Waals-Kräfte) *stärker als* die *intramolekularen Anziehungskräfte*.

Bei Stoffen mit *polaren Molekülen* treten zusätzlich zu den schon mehrfach erwähnten Van-der-Waals-Kräften *elektrostatische Anziehungskräfte* auf, die allerdings die Stärke der Wechselwirkungen in Ionenverbindungen nicht erreichen.
Die wohl bekanntesten *elektrostatischen Wechselwirkungen bei nichtionischen Verbindungen* sind die ***Wasserstoffbrücken***. Diese treten in Verbindungen auf, in denen *Wasserstoff-Atome an stark elektronegative Atome* gebunden sind, die relativ *kleine Atomvolumina* besitzen. Das Wasserstoff-Atom erhält unter diesen Bedingungen eine *positive Partialladung* und kann mit einem *freien Elektronenpaar* (vgl. S. 34) des stark elektronegativen Atoms eines *anderen* Moleküls in Wechselwirkung treten. Daraus ergeben sich Molekülverbände, wie folgende Beispiele zeigen:

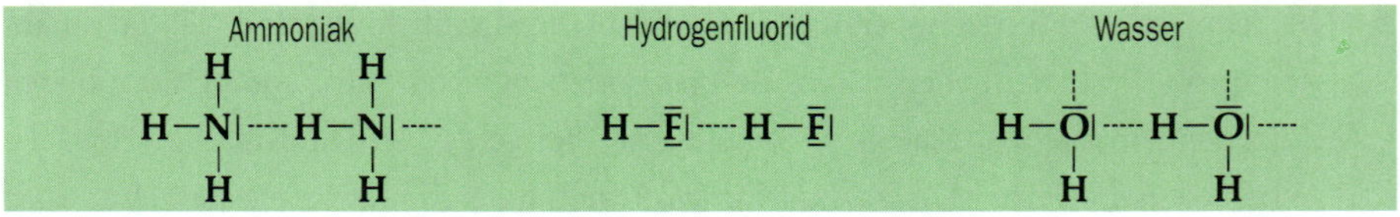

Wasserstoffbrückenbindungen sind etwa zehnmal stärker als Van-der-Waals-Kräfte. Einen Extremfall der Wasserstoffbrückenbindung stellt das *HF_2^--Ion* dar:

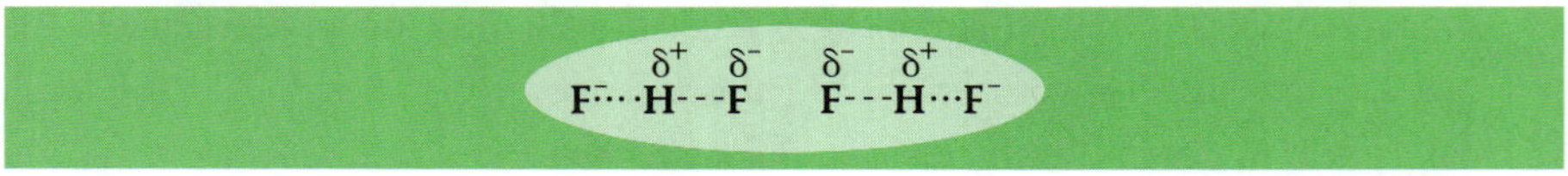

Hier sind die Wasserstoffbrückenbindungen so stark, dass das Ion in wässriger Lösung oder in Kristallen, wie z. B. KHF_2, als Einheit betrachtet werden kann.

Die *Anordnung polarer Moleküle* aufgrund von ***Dipol-Dipol-Wechselwirkungen*** ist mehr oder weniger *zufällig*. Demgegenüber handelt es sich bei den Wasserstoffbrückenbindungen vermutlich um *gerichtete Kräfte*. Man nimmt an, dass sich das Wasserstoff-Atom eines Moleküls den Hybridorbitalen der ungepaarten Elektronen eines anderen Moleküls nähert.
Hydrogenfluorid liegt *in der Gasphase bei hohen Temperaturen monomer* (d. h. in diesem Falle in einzelnen HF-Molekülen) vor.
Bei tieferen Temperaturen kommt es zur *Ausbildung von Molekülverbänden*, z. B. *$(HF)_2$*. *Flüssiges Hydrogenfluorid* bildet größere Molekülverbände und wechselt ständig seine Molekülanordnung. Ähnliches gilt für *flüssiges Ammoniak* (nicht zu verwechseln mit gelöstem NH_3) und *flüssiges Wasser* (im Gegensatz zu festem Wasser mit Molekülgitterstruktur und gasförmigem Wasser aus Einzelmolekülen).
Besonders hervorzuheben ist in diesem Zusammenhang die *ungewöhnlich hohe Siedetemperatur von Wasser* aufgrund der schon erwähnten *Ausbildung von Wasserstoffbrücken zwischen den Wasser-Molekülen* (vgl. Abbildungsbeispiel oben).

6.2 Löslichkeit

Gibt man etwas *Wasser und Tetrachlormethan* (Tetrachlorkohlenstoff, *CCl_4*) zusammen in ein Reagenzglas und schüttelt kräftig durch, so kann man innerhalb kurzer Zeit feststellen, dass sich beide Flüssigkeiten wieder voneinander trennen:
Es bildet sich ein ***Zweiphasen-System***.

Dieses Ergebnis lässt sich dadurch erklären, dass Wasser bekanntlich ein *polares* und Tetrachlormethan ein *unpolares Lösemittel* ist. Die *Wasser-Dipolmoleküle* werden durch elektrostatische Anziehungskräfte zusammengehalten, nämlich durch ***Dipol-Dipol-Wechselwirkungen*** und ***Wasserstoffbrückenbindungen*** (Abb. 59.1).

Diese *zwischenmolekularen Kräfte* sind wesentlich stärker als die ohnehin wirksamen Van-der-Waals-Kräfte.

Zwischen den unpolaren Tetrachlormethan-Molekülen wirken nur relativ schwache Van-der-Waals-Kräfte.

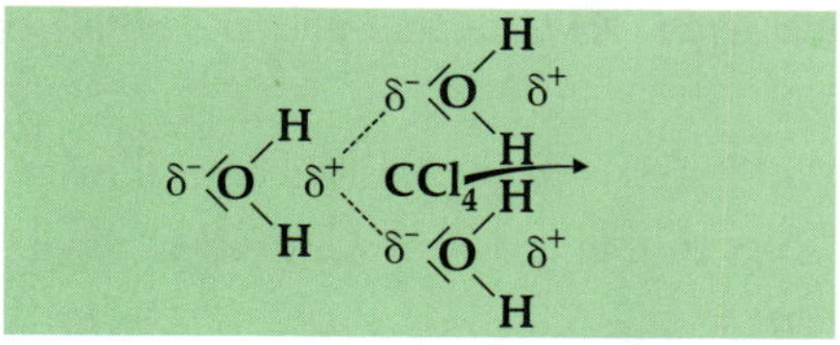

Abb. 59.1 Zwischen Wasser-Molekülen treten Dipol-Dipol-Wechselwirkungen auf. Tetrachlormethan-Moleküle werden „hinausgedrängt".

Aus dem oben beschriebenen Versuchsergebnis lässt sich folgern, dass sich unpolare Stoffe nicht (oder nur in geringem Maße) mit polaren Stoffen mischen lassen.
Wie Abb. 59.1 zeigt, werden die zwischen die Wasser-Moleküle eingedrungenen Tetrachlormethan-Moleküle sozusagen „hinausgedrängt".

In einem weiteren Experiment wird *festes Iod (I_2) zu* dem Zweiphasen-System *Wasser/ Tetrachlormethan* gegeben.

Nach nochmaligem kurzem Schütteln erfolgt erwartungsgemäß wieder eine Trennung der beiden Flüssigkeiten, wobei sich allerdings jetzt die unpolare Phase (CCl_4) violett verfärbt.
Die Erklärung hierzu ist relativ einfach:
Da Iod-Moleküle *unpolar* sind, treten sie durch Van-der-Waals-Kräfte (nicht nur untereinander, sondern auch) mit den Tetrachlormethan-Molekülen in Wechselwirkung. Das Iod löst sich also im Tetrachlormethan, nicht aber im (polaren) Wasser (Abb. 59.2).

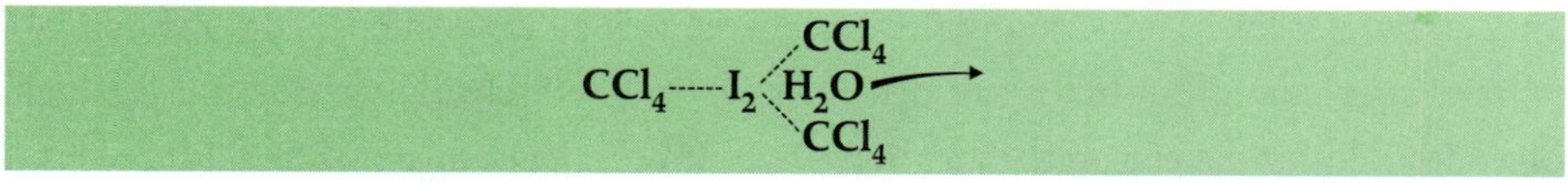

Abb. 59.2 Iod löst sich in Tetrachlormethan

In einem dritten Versuchsansatz werden *Wasser und Methanol (CH_3OH)* gemischt. Als Ergebnis erhält man eine einheitlich aussehende wässrige Methanol-Lösung. Da der Alkohol wegen seiner *Hydroxy-Gruppe* (-OH) im Molekül einen *polaren Charakter* hat, löst er sich hervorragend in Wasser, wobei sich selbstverständlich auch Wasserstoffbrückenbindungen zwischen den Methanol-Molekülen und den Wasser-Molekülen ausbilden (Abb. 60.1).

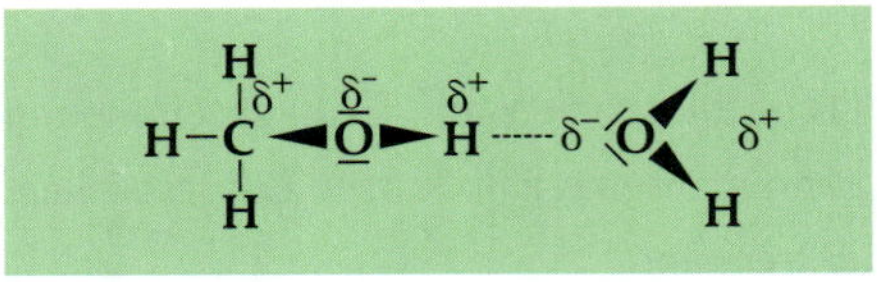

Abb. 60.1 *Methanol löst sich sehr gut in Wasser.*

Übrigens spielt die Wirkung des relativ kleinen unpolaren Alkylrestes (CH_3–) des Methanol-Moleküls hierbei praktisch keine Rolle, so dass sie vernachlässigt werden kann. Bei Zunahme der Größe des Alkylrestes, d.h. also bei Alkohol-Molekülen mit einer längeren Kohlenwasserstoffkette, sinkt naturgemäß die Löslichkeit in polaren Lösemitteln wie Wasser wegen des zunehmend unpolaren Charakters.
Schließlich sei erwähnt, dass mehrwertige Alkohole (Alkohol-Moleküle mit zwei oder mehreren OH-Gruppen) polarer sind als einwertige mit vergleichbarem Alkylrest.

Wie ändert sich die Löslichkeit mehrwertiger Alkohole mit zunehmender Zahl an OH-Gruppen und gleichem Alkylrest in ihren Molekülen in polaren und unpolaren Lösemitteln?

Übrigens: Schon die alten Alchemisten verfügten über folgende Weisheit:

Gleiches löst sich in Gleichem!

Verbindungen mit Atomgitter, z. B. Diamant (vgl. S. 50) und Siliciumdioxid (SiO_2), sind *in allen Flüssigkeiten unlöslich.*
Die Bindungsstärke von Atombindungen ist durch mögliche Wechselwirkungen zwischen den Teilchen des zu lösenden Stoffs und den Lösemittel-Molekülen nicht zu überwinden.

Sehr bedeutsam für die Diskussion vieler chemischer (und biologischer) Sachverhalte ist die *Löslichkeit salzartiger Verbindungen* (vgl. S. 24) *in Wasser.*
Ionen im Innern eines Ionenkristalls werden von ihren ***Gegen-Ionen*** (d. h. von den zugehörigen Ionen mit elektrisch entgegengesetzter Ladung) *von allen Seiten* gleichmäßig angezogen im Gegensatz zu *Ionen,* die sich *an der Kristalloberfläche* befinden.
An Letztere lagern sich *Wasser-Dipolmoleküle* während des Lösevorgangs *gerichtet* an: Die Zentren positiver Partialladung (δ^+) orientieren sich zu den Anionen, die Zentren negativer Partialladung (δ^-) treten mit den Kationen in Wechselwirkung. Somit ergibt sich folgendes Bild für die entsprechenden ***Ion-Dipol-Wechselwirkungen*** (Abb. 60.2):

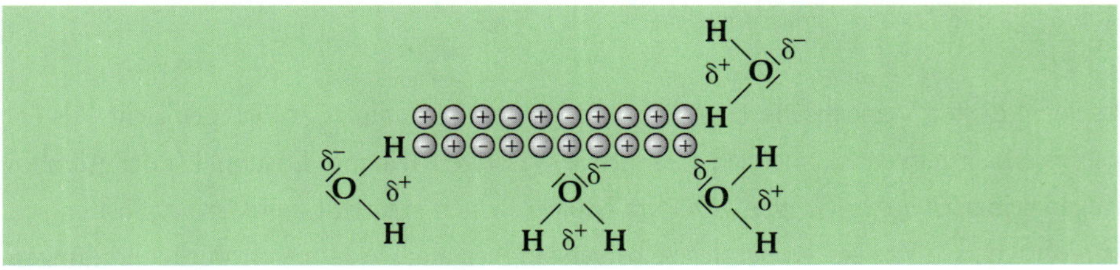

Abb. 60.2 Ion-Dipol-Wechselwirkungen

Durch die oben dargestellten Ion-Dipol-Wechselwirkungen werden die Anziehungskräfte zwischen den Gegen-Ionen an der Grenzfläche zwischen Kristall und Wasser vermindert. Die betreffenden Ionen lösen sich aus dem Gitterverband und umgeben sich sozusagen mit einem „Wassermantel". Dieser wird als ***Hydrathülle*** bezeichnet. Also sind gelöste Ionen ***hydratisiert*** (allgemein: ***solvatisiert***), d. h. sie besitzen eine *Hülle aus Wasser-Molekülen* (allgemein: *Lösemittel-Molekülen*).

Alle Ionen sind in wässriger Lösung hydratisiert.

Bestimmte *Moleküle mit besonders starkem Dipolcharakter* lösen sich in Wasser unter Zerfall und Bildung hydratisierter Ionen:

Hydrogenchlorid-Moleküle dissoziieren im Wasser in Ionen:

$$HCl\ (g) + H_2O \rightarrow H_3O^+\ (aq) + Cl^-\ (aq)$$ [45]

Verbindungen, wie z. B. Berylliumchlorid ($BeCl_2$) und Aluminiumchlorid ($AlCl_3$), *die* bekanntlich *eine Zwischenstellung bezüglich Ionen- und Atombindungscharakter einnehmen* (vgl. S. 54), bilden beim Lösen in Wasser ebenfalls hydratisierte Ionen. Die entstehenden Be^{2+}- bzw. Al^{3+}-Ionen sind sehr stabil. Sie liegen dann als sog. ***Komplex-Ionen*** mit einer charakteristischen Zahl an Wasser-Molekülen vor:

$$[Be(H_2O)_4]^{2+} \quad \text{bzw.} \quad [Al(H_2O)_6]^{3+}$$

Wie wir später noch sehen werden, lässt sich diese besondere Zusammensetzung mancher hydratisierter Ionen zur Erklärung ihrer sauren Reaktion in einer wässrigen Lösung heranziehen.

Anionen werden beim Lösen eines Stoffes aufgrund von *Ion-Dipol-Wechselwirkungen* oder durch Ausbildung von *Wasserstoffbrückenbindungen* (bei Anionen mit gebundenen Sauerstoff-Atomen) hydratisiert.
Kationen – in ihnen sind meist keine Wasserstoff- oder Sauerstoff-Atome gebunden (Ausnahmen: NH_4^+ und H_3O^+) – werden nur durch *Ion-Dipol-Wechselwirkung* hydratisiert.
Übrigens sind die Hydrathüllen nicht selten so fest an die Ionen gebunden, dass sie sogar beim Auskristallisieren in das Kristallgitter eingebaut werden.
Bei *Lösevorgängen* werden *Teilchen voneinander getrennt,* sowohl die Teilchen des zu lösenden Stoffs als auch die Lösemittelteilchen.

[45] Bedeutung der Abkürzungen in den Klammern: g = gasförmig, aq = in wässriger Lösung (von *aqua* (lat.) = Wasser)

Außerdem entstehen *neue Bindungen oder Wechselwirkungen*, nämlich zwischen den Teilchen des gelösten Stoffs und des Lösemittels. Aus bekannten Gründen wird also jeder Lösevorgang von einem *Energieeffekt* begleitet.

Unter der Solvatationsenergie (bzw. Hydratationsenergie) versteht man die bei der Solvatation (bzw. Hydratation) umgesetzte Energie.

Da in der Mehrzahl der Fälle *wässrige* Lösungen betrachtet werden, wollen wir im Folgenden stellvertretend für allgemeine Lösevorgänge kurz einige energetische Aspekte bei der *Hydratation* diskutieren.
Die Tab. 62.1 zeigt exemplarisch die Hydratationsenthalpien[46] einiger Ionen.

	ΔH		ΔH		ΔH
H_3O^+	1084	Mg^{2+}	1908	OH^-	364
Li^+	508	Ca^{2+}	1577	F^-	510
Na^+	398	Sr^{2+}	1431	Cl^-	376
K^+	314	Ba^{2+}	1289	Br^-	342
Rb^+	289	Zn^{2+}	2054	I^-	298
Cs^+	256	Cd^{2+}	1791	CN^-	349
Ag^+	468	Hg^{2+}	1820	NO_3^-	255
NH_4^+	293	Fe^{2+}	1958		
		Al^{3+}	4602		
		Fe^{3+}	4485		

Tab. 62.1 Hydratationsenthalpien einiger Ionen in kJ/mol

Die Hydratationsenthalpie ist abhängig:
- *vom Ionenradius*
- *von der Ionenladung.*

Kleine, hoch geladene Ionen bilden wegen ihrer hohen ***Ladungsdichte*** (Ladung bezogen auf die Oberflächengröße) besonders *große Hydrathüllen* aus.
Die entsprechende *Hydratationsenthalpie* ist demzufolge *relativ groß*.

Die Hydratationsenthalpie von Kationen nimmt innerhalb einer Periode im PSE mit steigender Ordnungszahl zu, innerhalb einer Gruppe mit steigender Ordnungzahl ab.

[46] Unter der Hydratationsenthalpie versteht man die bei konstantem Druck bestimmte Hydratationsenergie.

Verläuft die Auflösung von Kochsalz (NaCl) exotherm oder endotherm (Rechnung)? (Gitterenergie von Natriumchlorid: $\Delta H = -766$ kJ/mol)

Die beim Lösen eines Stoffes umgesetzte Energie ist selbstverständlich abhängig von der Stoffmenge.
Die oben angestellten energetischen Betrachtungen für das Lösen von Ionenverbindungen gelten natürlich sinngemäß auch für *nichtionische Stoffe.*
Hierbei muss allerdings berücksichtigt werden, dass die *Gitterenergien bei Molekülkristallen deutlich geringer* sind als bei Ionenkristallen, da schwächere Bindungskräfte herrschen. Andererseits sind jedoch auch die Solvatationsenergien für Verbindungen mit Atombindung kleiner als für Ionenverbindungen.

Übungsfragen zu Kap. 3 und Kap. 4

1. Was besagt die Oktettregel von Lewis?
2. Warum darf man für Salze, die aus einatomigen Ionen bestehen, keine Valenzstrichformeln angeben?
3. Unter welcher Voraussetzung werden in bestimmten Valenzstrichformeln Formalladungen verwendet? Geben Sie hierzu ein Formelbeispiel an!
4. Geben Sie zwei Beispiele für Reaktionen an, bei denen ein Reaktionspartner beide Bindungselektronen liefert (Gleichungen)!
5. Was versteht man unter „Mesomerie“? Geben Sie zwei Formelbeispiele an!
6. Definieren Sie die Begriffe „Bindungslänge“ und „Bindungsenergie“! Nennen Sie entsprechende Einflussfaktoren!
7. Umschreiben Sie die Begriffe „Elektronegativität“ und „Dipolmolekül“ und ordnen Sie passende Beispiele zu!
8. Was versteht man unter einer Atombindung (Definition)?
9. Erklären Sie ausführlich die Orbitalgeometrie folgender Verbindungen:
   a) Methan **b)** Ammoniak **c)** Wasser **d)** Diamant
   e) Grafit **f)** Ethen und **g)** Ethin!
10. Nennen und erklären Sie Beispiele für Wechselwirkungen zwischen Teilchen! Verwenden Sie zur Veranschaulichung auch passende Schemazeichnungen mit Formeln!
11. Welche Arten von Wechselwirkungen treten in polaren und unpolaren Lösemitteln zwischen den Teilchen des Lösemittels und den Teilchen des gelösten Stoffs auf? Nennen Sie hierzu auch die passenden Fachbegriffe!
12. Diskutieren Sie die Abhängigkeit der Hydratationsenthalpien von verschiedenen Faktoren!

Protolysen und Massenwirkungsgesetz

1 Definiton stoffmengenbezogener Größen

1.1 Das Mol

In der Mittelstufe wurde der Begriff „Mol" anschaulich als „Dutzend des Chemikers" umschrieben. Im Folgenden wird diese für die Chemie so bedeutsame Größe zur Charakterisierung der *Stoffmenge* näher definiert.

Die in diesem Kapitel behandelten ***stoffmengenbezogenen Größen*** (Definitionen, Größengleichungen, Größensymbole) sollten Sie *exakt* auswendiglernen!

> ***Ein <u>Mol</u> ist die Stoffmenge (n) eines Systems bestimmter Zusammensetzung, das aus ebenso vielen Teilchen besteht, wie Atome in 12 g des Nuklids ^{12}C enthalten sind.[1]***
> ***Das Einheitenzeichen lautet „mol".[2]***

> ***Zwölf Gramm des Nuklids ^{12}C enthalten <u>$6{,}022 \cdot 10^{23}$</u> Kohlenstoff-Atome.***

Mit anderen Worten:
Ein Mol ist die Stoffmenge, die $6{,}022 \cdot 10^{23}$ Teilchen enthält.
Diese *Teilchen* müssen näher charakterisiert werden. Es kann sich dabei um ***Moleküle***, ***Atome***, ***Ionen***, ***Elektronen*** usw. handeln.

> ***Die molare Teilchenanzahl wird als <u>Avogadro-Konstante[3] N_A bezeichnet</u> und beträgt $6{,}022 \cdot 10^{23} \frac{1}{\text{mol}}$.***

$n(H_2SO_4) = 0{,}5$ mol *(lies: „n von H_2SO_4 gleich …")*

$n(Cl^-) = 20$ mmol (mmol *bedeutet „Millimol")*

[1] Unter einem Nuklid versteht man eine bestimmte Sorte eines Element-Atoms, z. B. ^{35}Cl. Nuklide desselben Elements, z. B. die beiden Nuklide ^{35}Cl und ^{37}Cl, nennt man zusammenfassend auch Isotope dieses Elements. In neueren Veröffentlichungen findet man für Nuklide auch die Schreibweise z. B. für ^{12}C: [^{12}C]-Kohlenstoff.
[2] Achten Sie auf die Kleinschreibung der Einheit.
[3] Der in Büchern früher angegebene Zahlenwert „$6{,}02\underline{3} \cdot 10^{23}$" ist falsch. Des Weiteren muss berücksichtigt werden, dass N_A eine Einheit, nämlich $\frac{1}{\text{mol}}$ bzw. mol^{-1}, besitzt.

1.2 Die molare Masse[4]

Die molare Masse M[5] eines Stoffs mit den Teilchen X ist der Quotient aus der Masse m und der Stoffmenge n einer Stoffportion dieses Stoffs:

$$M(X) = \frac{m_i}{n_i\,(X)}$$

Bedeutung der verwendeten Größensymbole und sonstigen Abkürzungen:
M: molare Masse, X: Teilchen (Atome, Moleküle, Ionen etc.), m_i: Masse der betrachteten Stoffportion i, n_i: Stoffmenge der betrachteten Stoffportion i

$M(H) = 1{,}0079\ \frac{g}{mol}$

$M(N_2) = 28\ \frac{g}{mol}$

$M(CO_2) = 44\ \frac{g}{mol}$

$M(FeSO_4 \cdot 7\ H_2O) = 278{,}01\ \frac{g}{mol}$

$M\ (\frac{1}{2}\ H_2SO_4) = 49\ \frac{g}{mol}$

$M(SO_4^{2-}) = 96\ \frac{g}{mol}$

Wie man an den obigen Beispielen erkennt, bezieht sich die molare Masse auf die Stoffmenge 1 mol.
Der Zahlenwert der molaren Masse stimmt mit dem der relativen Atom- bzw. Molekülmasse überein.

$M(H_2SO_4) = \mathbf{98}\ \frac{g}{mol}$
relative Molekülmasse von $H_2SO_4 = \mathbf{98}$
Angaben relativer Atom- bzw. Molekülmassen sind nur noch in veralteten Lehrbüchern enthalten.
Hinweis: Die molare Masse darf nicht mit der Molmasse (Masse eines Mols) verwechselt werden. Letztere hat die Einheit „g".

[4] Stoffmengebezogene Größen tragen als Namensbestandteil das Adjektiv „molar", die entsprechenden Größenzeichen in der Regel den Index m.
V_m = *molares Volumen*
Ausnahmen: M = molare Masse, N_A *= molare Teilchenanzahl (AVOGADRO-Konstante), F = molare Ladung (FARADAY-Konstante)*

[5] Die SI-Einheit der molaren Masse lautet „$\frac{kg}{mol}$". In der Praxis gebräuchlich ist jedoch „$\frac{g}{mol}$".

1.3 Die Stoffmengenkonzentration[6]

Die Stoffmengenkonzentration c eines gelösten Stoffs mit den Teilchen X ist der Quotient aus der Stoffmenge n der gelösten Stoffportion und dem zugehörigen Lösungsvolumen V:

$$c(X) = \frac{n_i\,(X)}{V\,(Ls)}$$

$c(HNO_3) = 0{,}01\ \frac{mol}{l}$
$c(NH_4^+) = 20\ \frac{mmol}{l}$

In der Literatur findet man drei verschiedene Schreibweisen für die Angabe der Stoffmengenkonzentration:

$[Ag^+]$ c_{Ag^+} $c(Ag^+)$

Der Schreibweise ***oben rechts*** ist der Vorzug zu geben!

1.4 Die Massenkonzentration

In Wörtern ausgedrückt bedeutet die Massenkonzentration:
Gramm des gelösten Stoffs in einem Liter Lösung. Die Massenkonzentration besitzt die gleiche Einheit wie die Dichte eines *reinen* Stoffs.
Die Definitionsgleichungen für die ***Massenkonzentration*** β (β: griech. Buchstabe beta) und die ***Dichte*** ρ (ρ: griech. Buchstabe rho) lauten:

$$\beta(Ko) = \frac{m\,(Ko)}{V\,(Ls)}$$
$$\rho(Ko) = \frac{m\,(Ko)}{V\,(Ko)}$$

Bedeutung der verwendeten Größensymbole und sonstigen Abkürzungen:
Ko: Komponente, Ls: Lösung, m: Masse, V: Volumen; β und ρ sind *keine* stoffmengenbezogenen Größen.

Neben den o.g. Konzentrationsangaben gibt es u.a. noch *Massenprozent* und *Volumenprozent,* auf die hier allerdings nicht näher eingegangen werden soll[7].
Die sog. *Molalität* hat die Einheit $\frac{mol}{kg}$ und wird hier ebenfalls nicht genauer behandelt.

[6] SI-Einheit: $1\ \frac{mol}{m^3}$, übliche Einheit: $1\ \frac{mol}{l}$
[7] Bei Bedarf können Sie sich hierüber in Ihren Mittelstufenunterlagen oder in einem entsprechenden Lehrbuch informieren.

2 Säuren und Basen

2.1 Geschichtliches

Im Altertum war von den Säuren nur die *Essigsäure* bekannt. Im 12. Jahrhundert folgten dann die sog. *Mineralsäuren*. Als gemeinsames Merkmal für Säuren wurde ihr saurer Geschmack und ihre *stoffauflösende Wirkung* festgestellt. Außerdem erkannte man, dass Säuren in der Lage sind, die blaue *Farbe* mancher Pflanzen in Rot zu *„verwandeln"* und dass ihre hervorstechenden Eigenschaften durch Vereinigung mit „Alkali" verloren gehen.

Etwa ab dem Jahr 1730 tritt in der französischen Fachliteratur der Ausdruck „Base"[8] auf, als Bezeichnung für einen Stoff, der sich mit einer Säure zu einem *Salz* verbindet. Antoine Laurent de Lavoisier hielt den Gehalt an *Sauerstoff* für ein gemeinsames Kennzeichen von Säuren.

Etwa seit dem Jahr 1815 wurde klar, dass Sauerstoff nicht unbedingt in Säuren gebunden sein muss (Sir Humphry Davy, Jöns Jacob Freiherr von Berzelius). Pierre Louis Dulong wies als Erster auf *Wasserstoff* als notwendigen Bestandteil von Säuren hin. Im Jahr 1838 erkannte Justus von Liebig, dass Säuren Wasserstoffverbindungen sind, in denen der Wasserstoff durch *Metall* ersetzt werden kann.

Die von Svante August Arrhenius im Jahr 1883 aufgestellte ***Ionentheorie***, nach der in Lösungen von Elektrolyten *frei bewegliche Ionen* vorhanden sind, bildete einen Meilenstein in der Entwicklung der modernen Chemie. Diese Theorie ermöglichte erstmals ein tieferes, wennauch noch unvollständiges Verstehen der Natur von Säuren und Basen.

2.2 Definiton nach Arrhenius

Arrhenius stellte auf der Basis seiner Ionentheorie die erste wirkliche brauchbare Definition des Säure-Base-Begriffs auf.

***Säuren** sind Stoffe, die beim Auflösen in Wasser unter Abgabe von H^+-Ionen dissoziieren.*

$$HCl \xrightarrow{\text{Wasser}} H^+ + Cl^-$$

[8] von *basis* (griech.) = Sockel: Grundlage für die Salzbildung

<u>Basen</u> sind Stoffe, die beim Auflösen in Wasser unter Abgabe von OH⁻-Ionen dissoziieren.

$NaOH \xrightarrow{\text{Wasser}} Na^+ + OH^-$

Die ***Neutralisation*** einer Säure mit einer Base (und umgekehrt) *liefert* nach ARRHENIUS ein *Salz und Wasser.*

$HCl + NaOH \rightarrow NaCl + H_2O$

Als eigentliche chemische Reaktion ist dabei die *Vereinigung von H^+- Ionen und OH^--Ionen zu Wasser* anzusehen:

$$H^+ + OH^- \rightarrow H_2O$$

Durch diese Beziehung ergibt sich offensichtlich der Zusammenhang zwischen „ARRHENIUS-Säuren" und „ARRHENIUS-Basen" (vgl. Definitionen auf Seite 67 und S. 68).
ARRHENIUS konnte durch seine Begriffsvorstellung zahlreiche Reaktionen in *wässrigen Lösungen* verständlich machen. Aber gerade in der Beschränkung seiner Definition auf das Lösemittel Wasser liegt auch der Hauptmangel.
Denn schon damals kannte man eine ganze Reihe nichtwässriger Lösemittel (z. B. Alkohol), in denen ebenfalls Säure-Base-Reaktionen ablaufen können.
Auch bei der Beschreibung entsprechender Reaktionen in der Gasphase versagt die Auffassung von ARRHENIUS.

Öffnet man eine Flasche mit konzentrierter Ammoniak-Lösung und hält die Mündung des Gefäßes in die Nähe einer offenen Vorratsflasche mit konzentrierter Salzsäure, so zeigt sich an trockener bzw. feuchter Luft ein dichter weißer Rauch bzw. Nebel aus Ammoniumchlorid, das nach folgender Reaktionsgleichung gebildet wird:

$$NH_3 + HCl \rightarrow NH_4Cl$$

Ein weiterer Mangel der ARRHENIUS-Definition liegt in der Beschränkung des Basebegriffs auf „hydroxyhaltige" Verbindungen.
Moleküle vieler organischer Stoffe, Ammoniak und auch Metallhydroxide zeigen basische Eigenschaften, obwohl in diesen Stoffen keine Hydroxy-Gruppen (-OH) gebunden sind.

Aus den o. g. Gründen wurde eine umfassendere Säure-Base-Definition notwendig.

2.3 Definition nach BRÖNSTED

Im Jahr 1923 stellte JOHANNES NICOLAUS BRÖNSTED (BRØNSTED) folgende Definitionsgleichung für Säuren (hier abgekürzt mit bH^+) auf:

$$\mathbf{bH^+ \rightleftharpoons b + H^+} \quad (\mathbf{b} = \text{Base})$$

Nach dieser Gleichung gelten alle Verbindungen mit Molekülen oder Teilchen, die *H^+-Ionen abgeben*, als Säuren. Diese abgespaltenen H^+-Ionen werden von einem *Akzeptor* aufgenommen.

Daher ist es sinnvoll, die o. g. Gleichung wie folgt zu vervollständigen:

$$\mathbf{b_1H^+ + b_2 \rightleftharpoons b_1 + b_2H^+}$$

Wir erkennen:

- ***Säuren sind Protonendonatoren.***
- ***Basen sind Protonenakzeptoren.***
- ***Säure-Base-Reaktionen sind Protonenübertragungsvorgänge.***

Protonenübertragungsreaktionen bezeichnet man üblicherweise auch als ***Protolysen***[9].

Freie Protonen kommen nicht vor, da sie eine wegen ihrer geringen Größe relativ hohe Ladungsdichte besitzen. Aus diesem Grund kann eine ***BRÖNSTED-Säure*** ihr(e) Proton(en) nur abspalten, wenn eine ***BRÖNSTED-Base*** zugegen ist.

Durch den *Doppelpfeil* in den oben zuletzt formulierten allgemeinen Reaktionsgleichungen wird zum Ausdruck gebracht, dass es sich bei Protolysen um ***Gleichgewichtsreaktionen*** handelt.

Da die bekanntesten Säuren (z. B. HCl, H_2SO_4, HNO_3, H_3PO_4, H_2CO_3) alle aus *elektrisch ungeladenen Molekülen* bestehen, wollen wir für unsere weiteren Betrachtungen nicht die allgemeine Formel bH^+ verwenden, sondern an deren Stelle mit der Bezeichnung *HA* (*für einprotonige Säuren*)[10] weiterarbeiten. Im Sinne einer einheitlichen Schreibweise verwenden wir als Abkürzung für die Base den Großbuchstaben B.

[9] Der Begriff „Protolyse" ist jedoch missverständlich und wird deshalb von der chemischen Fachkommission *IUPAC* nicht empfohlen.

[10] Eine Berücksichtigung der tatsächlichen Protonenanzahl in den Säure-Molekülen ist an dieser Stelle noch nicht erforderlich.

Somit erhalten wir:

$$HA + B \rightleftarrows BH^+ + A^-$$

Es ist leicht einzusehen, dass bei der Rückreaktion das A^-*-Ion als Base* und das BH^+*-Ion als Säure* wirkt (vgl. obige Reaktionsgleichung, ←).
Eine *Säure 1* (hier: *HA*) reagiert also mit einer *Base 1* (hier: *B*) unter Bildung einer *Säure 2* (hier: BH^+) und einer *Base 2* (hier: A^-):

HA	+	**B**	⇄	**BH⁺**	+	**A⁻**
Säure 1		Base 1		Säure 2		Base 2

Säure-Base-Gleichgewichte („Protolysengleichgewichte") können als *Konkurrenzreaktionen zweier Basen um das Proton* aufgefasst werden.
Die Gleichgewichtslage wird folglich durch die relative „Stärke" der beiden Basen (*Tendenz zur Protonenaufnahme*) bzw. Säuren (*Tendenz zur Protonenabgabe*) bestimmt. Ist z. B. *B eine stärkere Base als* A^-, so liegt das *Gleichgewicht rechts*, d. h. die Reaktion „Säure 1 + Base 1" zu den genannten Endprodukten wird begünstigt. Umgekehrt liegt das *Gleichgewicht links*, wenn A^- *die stärkere Base* darstellt: Es werden bevorzugt die Ausgangsstoffe gebildet[11].
Außerdem kann man aus der obigen Reaktionsgleichung zwei besonders bemerkenswerte Zusammenhänge herauslesen:

a) $$\underset{\text{Säure}}{\mathbf{HA}} \xrightleftharpoons{\text{Protonenaustausch}} \underset{\text{Base}}{\mathbf{A^-}}$$

b) $$\underset{\text{Base}}{\mathbf{B}} \xrightleftharpoons{\text{Protonenaustausch}} \underset{\text{Säure}}{\mathbf{BH^+}}$$

Die Reaktionen a) und b) beinhalten jeweils zwei Teilchen, nämlich eine Säure und eine Base, die durch den Austausch *eines* Protons unmittelbar ineinander übergehen können. Solche Teilchenpaare (hier: HA/A^- bzw. BH^+/B) nennt man ***korrespondierende Säure-Base-Paare***.

[11] Die Aussagen in diesem Beispiel sind streng genommen nur unter der Voraussetzung gültig, dass HA und BH^+ praktisch gleichstarke Säuren darstellen, was einem Idealfall entspricht.

Alternativ zur Bezeichnung „korrespondierend" gebraucht man auch den Begriff „konjugiert" (vgl. folgenden Merkkasten).

- ***HA ist die <u>konjugierte Säure</u> zur Base A^-.***
- ***A^- ist die <u>konjugierte Base</u> zur Säure HA.***
- ***BH^+ ist die konjugierte Säure zu Base B.***
- ***B ist die konjugierte Base zur Säure BH^+.***

Von der Vielzahl möglicher korrespondierender Säure-Base-Paare wollen wir uns folgende Beispiele besonders merken:

HCl/Cl^-	*CH_3COOH/CH_3COO^-*	*NH_4^+/NH_3*
Hydrogenchlorid-Molekül/Chorid-Ion	Essigsäure-Molekül/Acetat-Ion	Ammonium-Ion/Ammoniak-Molekül
H_2SO_4/HSO_4^-	*HSO_4^-/SO_4^{2-}*	
Schwefelsäure-Molekül/Hydrogensulfat-Ion	Hydrogensulfat-Ion/Sulfat-Ion	

Phosphorsäure-Moleküle enthalten drei gebundene Wasserstoff-Atome, die als Protonen nacheinander freigesetzt werden können.
Geben Sie – ausgehend von der Formel der Phosphorsäure – die Formeln und Namen aller Teilchenpaare an, die nach stufenweiser Protonenabspaltung entsprechende korrespondierende (konjugierte) Säure-Base-Paare bilden!

Manche Teilchen (wie z. B. HSO_4^-) können *sowohl konjugierte Säure* (hier: zur Base SO_4^{2-}) *als auch konjugierte Base* (hier: zur Säure H_2SO_4) sein.

Man bezeichnet Stoffe bzw. Teilchen, die sich sowohl wie eine Säure als auch wie eine Base verhalten können, als <u>Ampholyte</u> bzw. als <u>amphotere Teilchen</u>.

Auch Wasser ist ein Ampholyt bzw. Wasser-Moleküle sind amphotere Teilchen (Abb. 71.1):

H_2O	/	**OH^-**	**H_3O^+**	/	**H_2O**
Säure	/	(konjugierte Base)	(konjugierte	/	Base
			Säure)		

Abb. 71.1 Wasser-Moleküle können als Säure oder als Base wirken.

Welche amphoteren Teilchen entstehen bei der stufenweisen Dissoziation des Phosphorsäure-Moleküls?

Ob ein Ampholyt in einem bestimmten Fall als Protonendonator oder als Protonenakzeptor wirkt, hängt natürlich von der Säure- bzw. Basenstärke seines Reaktionspartners ab.

Die sauren oder basischen Eigenschaften eines Teilchens sind keine gegebenen Stoffeigenschaften, sondern eine Funktion des Reaktionspartners.

Des Weiteren ergibt sich:

- ***Starke Säuren haben schwache konjugierte Basen und umgekehrt.***
- ***Starke Basen haben schwache konjugierte Säuren und umgekehrt.***

Da das Wasser-Molekül sowohl als sehr schwache Säure als auch als sehr schwache Base wirken kann, fungieren die konjugierten Partner OH^- bzw. H_3O^+ als sehr starke Base bzw. Säure.
Ein Wasser-Molekül verhält sich beispielsweise gegenüber einem Hydrogenchlorid-Molekül oder einem Schwefelsäure-Molekül etc. als Base, als Protonenakzeptor:

$$\underset{}{H_2O} + \underset{(Cl^-)}{H^+} \rightleftarrows \underset{(Cl^-)}{H_3O^+}$$

Das H_3O^+-Ion wird als <u>Oxonium-Ion</u> bezeichnet.[12]

Für unsere weiteren Betrachtungen gehen wir entweder vom Oxonium-Ion (H_3O^+) oder vom nicht hydratisierten Proton (H^+) aus, sofern die zuletzt genannte Vereinfachung ausreichend ist.
Nach der brönstedschen Definition können alle Teilchen, die Protonen abspalten, funktionell als Säuren betrachtet werden.
Demzufolge sind auch das NH_4^+-Ion und das HSO_4^--Ion BRÖNSTED-Säuren.
Je nach der elektrischen *Ladung* eines als BRÖNSTED-Säure oder als BRÖNSTED-Base fungierenden Teilchens kann man wie folgt klassifizieren:

Neutralsäuren z. B. **HCl**		Neutralbasen z. B. **NH_3**
	Ionensäuren:	
Kationsäuren z. B. **NH_4^+**		Anionsäuren z. B. **HSO_4^-**
	Ionenbasen:	
Kationbasen z. B. **$[Fe(OH)(H_2O)_5]^{2+}$**		Anionbasen z. B. **HSO_4^-**

[12] Der Begriff „Oxonium-Ion“ gilt für das *einfach hydratisierte* Proton, also nur für H_3O^+. Wenn die Hydratation keine besondere Bedeutung in dem betrachtenden Zusammenhang hat, kann die Bezeichnung „Wasserstoff-Ion“ bzw. „Hydrogen-Ion“ benutzt werden. Die Bezeichnung „Hydronium-Ion“ (für das *dreifach hydratisierte* Oxonium-Ion, also für $H_9O_4^+$) ist zu vermeiden, da sie in der verbindlichen Literatur für Nomenklaturfragen nicht erwähnt wird.

2.4 Ionenprodukt des Wassers und *p*H-Wert

Untersuchungen haben gezeigt, dass selbst reinstes (mehrfach in Platingefäßen destilliertes) Wasser eine – wennauch äußerst geringe – elektrische Leitfähigkeit besitzt. Folglich müssen auch in reinem Wasser *Ionen* vorhanden sein, allerdings in sehr geringer Konzentration.

Diese Atom-Ionen (H^+) bzw. Molekül-Ionen (OH^-) entstehen durch die *Dissoziation von Wasser-Molekülen*:

$$H_2O \rightleftarrows H^+ + OH^-$$

Da freie H^+-Ionen nicht vorkommen, sondern als Oxonium-Ionen vorliegen, ergibt sich folgende ***Dissoziationsgleichung***:

$$H_2O + H_2O \rightleftarrows H_3O^+ + OH^-$$

Die obige Gleichung lässt erkennen, dass *eine Teilchensorte* (hier: Wasser-Moleküle) *gleichzeitig* als *Säure und* als *Base* fungiert.

Es läuft also eine Protonenübertragungsreaktion (Protolyse) zwischen den Wasser-Molekülen „selbst" (von *autos* (griech.) = selbst) ab, eine sogenannte ***Autoprotolyse***.

Das *Gleichgewicht* dieser besonderen Reaktion liegt allerdings *auf der linken Seite,* was bedeutet, dass *nur sehr wenige Wasser-Moleküle dissoziieren.*

Auf diese Weise ergibt sich die oben schon erwähnte nur sehr geringe elektrische Leitfähigkeit von Wasser. Dieses Gleichgewicht ist außer in Wasser auch in allen wässrigen Lösungen vorhanden.

Durch *Zusatz einer Säure bzw. Base* kann die Konzentration der *H_3O^+- bzw. OH-Ionen* relativ stark ansteigen (vgl. Definitionen in Kap. 2.2, S. 67 und in Kap. 2.3, S. 69).

Trotzdem bleibt in verdünnten Lösungen die Konzentration an Wasser-Molekülen jedoch praktisch *konstant.*

Hierzu ein kleines Rechenexempel:

1 Liter Wasser hat die Masse („wiegt") 1000 g. Die molare Masse von Wasser beträgt $M(H_2O) = 18\,\frac{g}{mol}$. In 1000 g Wasser sind folglich $\frac{1000\,g}{18\,\frac{g}{mol}} = 55.55$ mol Wasser-Moleküle enthalten.

Die „Stoffmengenkonzentration von Wasser in Wasser" beträgt somit $c(H_2O) \approx 56\,\frac{mol}{l}$.

Demgegenüber beträgt eine in der Praxis übliche Konzentration einer Säure z. B. nur $c(HA) = 1\,\frac{mol}{l}$.

Dies entspricht also rund $\frac{1}{56}$ der „Stoffmengenkonzentration von reinem Wasser".

Rechnen Sie das gerade behandelte Beispiel nochmals selbst durch!

Auf die ***Autoprotolysegleichung*** (S. 73) kann das Massenwirkungsgesetz (MWG) wie folgt angewandt werden:

$$\frac{c(\mathbf{H_3O^+}) \cdot c(\mathbf{OH^-})}{c^2(\mathbf{H_2O})} = K_c$$

Da die Konzentration von Wasser – wie schon gesagt – in einer verdünnten Lösung als konstant betrachtet werden kann, bezieht man $c^2(H_2O)$ in die Konstante K_C mit ein und erhält per definitionem die neue Konstante $\boldsymbol{K_W}$.
Diese wird als ***Ionenprodukt des Wasser*** bezeichnet:

$$c(\mathbf{H_3O^+}) \cdot c(\mathbf{OH^-}) = K_W$$

Der Wert von K_W hängt von der Temperatur ab.

Er beträgt bei 25°C $\mathbf{10^{-14}}\ \frac{mol^2}{l^2}$[13].

In *verdünnten* (!) wässrigen Lösungen ist also das Produkt aus den Konzentrationen der Oxonium-Ionen und der Hydroxid-Ionen konstant.
Kennt man eine der beiden Konzentrationen, so kann man die fehlende Konzentrationsangabe nach der obigen Beziehung leicht errechnen.
Für eine ***neutrale Lösung*** gilt:

$$c(\mathbf{H_3O^+}) = c(\mathbf{OH^-}) = \sqrt{\mathbf{10^{-14}}\ \frac{\mathbf{mol^2}}{\mathbf{l^2}}} = \mathbf{10^{-7}}\ \frac{\mathbf{mol}}{\mathbf{l}}$$

In ***sauren Lösungen*** ist $c(H_3O^+) > c(OH^-)$, in ***alkalischen Lösungen*** ist es umgekehrt.
Demzufolge kann man den sauren bzw. alkalischen Charakter einer Lösung durch die Angabe einer dieser Konzentrationen gut beschreiben.
Man bezieht sich üblicherweise auf die H_3O^+-Ionenkonzentration.
Da sich für diese häufig recht „unhandliche" Zahlenwerte ergeben, hat man zur Vereinfachung den sog. ***pH-Wert***[14] eingeführt.

[13] In der Literatur findet man auch andere Bezugstemperaturen für K_W. Meistens wird jedoch die hier angegebene sog. *Standardtemperatur* verwendet.

[14] – Abkürzung für lat. **p**otentia **h**ydrogenii = Kraft des Wasserstoffs
– Es heißt „***das*** *p*H" und nicht „der *p*H".
– *p*H-Angaben sollen in Form von Größengleichungen erfolgen: z. B. „*p*H = 3" anstelle von „*p*H 3".

Der pH-Wert ist der mit -1 multiplizierte Zehnerlogarithmus des Zahlenwertes der in $\frac{mol}{l}$ angegebenen Oxonium-Ionen-Konzentration:

$$pH = -lg\ c(H_3O^+)$$

Wie schon erwähnt, unterscheidet man *neutrale, saure* und *alkalische Lösungen.* Dabei ist folgendes zu beachten:

saure Lösung	*neutrale Lösung*	*alkalische Lösung*
$c(H_3O^+) > 10^{-7}\ \frac{mol}{l}$	$c(H_3O^+) = 10^{-7}\ \frac{mol}{l}$	$c(H_3O^+) < 10^{-7}\ \frac{mol}{l}$
$pH < 7$	$pH = 7$	$pH > 7$

Peter Lauritz Sörensen (Sørensen) hat im Jahr 1909 eine ***pH-Skala***[15] aufgestellt, die Sie in der folgenden Aufgabe selbst entwickeln sollen:

Fertigen Sie eine Tabelle an, in der den Stoffmengenkonzentrationen $c(H_3O^+) = 1,\ 10^{-1},\ 10^{-2},\ \ldots,\ 10^{-13}$ und $10^{-14}\frac{mol}{l}$ die entsprechenden pH-Werte zugeordnet werden!

Die sog. *normale pH-Skala* geht von pH = 0 bis pH = 14 (vgl. obige Übungsaufgabe). Es gibt allerdings auch Lösungen, deren pH-Werte außerhalb dieser Skala liegen.
Lösungen mit $pH < 0$ heißen *übersauer*, Lösungen mit $pH > 14$ bezeichnet man als *überalkalisch*.
Abb. 75.1 zeigt exemplarisch die pH-Werte einiger Stoffe aus dem Alltag:

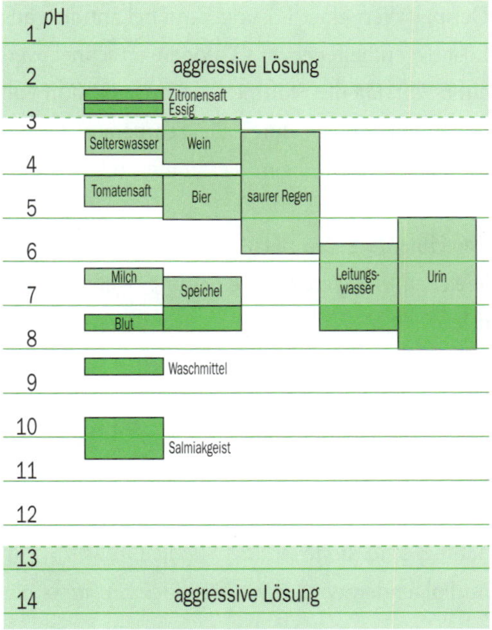

Abb. 75.1 pH-Werte im Alltag

[15] In der technischen Literatur wird auch der Begriff pH-Skale verwendet.

Neben dem *p*H-Wert gibt es auch einen analog definierten ***p*****OH-Wert**, der sich auf die Hydroxid-Ionen-Konzentration bezieht.

Der pOH-Wert ist der mit –1 multiplizierte Zehnerlogarithmus des Zahlenwertes der in $\frac{mol}{l}$ angegebenen Hydroxid-Ionen-Konzentration:

$$pOH = -\lg c(OH^-)$$

Zwischen dem *p*H-Wert und dem *p*OH-Wert besteht folgender Zusammenhang:

$$pH + pOH = pK_W{}^{16} = 14$$

Berechne die *p*H-Werte von Lösungen mit folgenden Oxonium-Ionen- bzw. Hydroxid-Ionen-Konzentrationen:

a) $c(H_3O^+) = 10^{-7}\ \frac{mol}{l}$

b) $c(H_3O^+) = 2 \cdot 10^{-2}\ \frac{mol}{l}$

c) $c(OH^-) = 10^{-3}\ \frac{mol}{l}$

2.5 Stärke von Säuren und Basen

Der *p*H-Wert einer Lösung kann bekanntlich aus der Stoffmengenkonzentration der in der Lösung enthaltenen H_3O^+-Ionen errechnet werden (vgl. hierzu die Definitionsgleichung auf S. 75). Da die Stoffmengenkonzentration volumenabhängig ist (vgl. S. 66) und das Volumen bekanntlich durch die Temperatur beeinflusst wird, kann man schlussfolgern, dass der *p*H-Wert z. B. beim Verdünnen oder Erwärmen einer Lösung nicht konstant bleibt.

Berechnen Sie den *p*H-Wert einer Lösung, die 1 mol H_3O^+-Ionen in einem Liter enthält! Welchen *p*H-Wert hat die Lösung, wenn man sie auf ein Endvolumen von zwei Liter verdünnt?

Die *Stärke* einer Säure oder Base ist eine Eigenschaft, die sich nicht mit der Konzentration der Säure bzw. Base ändert. Demzufolge ist der *p*H-Wert keine geeignete Hilfsgröße zur Charakterisierung dieser Eigenschaft.

Säurestärke (Tendenz zur Protonenabgabe) bzw. ***Basenstärke*** (Tendenz zur Protonenaufnahme) sind *stoffcharakteristische Größen.*

Im Folgenden wird zunächst die *Säurestärke* näher diskutiert.

[16] $pK_W = -\lg K_W$

Starke Säuren (z. B. Salzsäure) sind vollständig dissoziiert, schwache Säuren (z. B. Essigsäure) nur teilweise.

Das Dissoziationsausmaß einer schwachen Säure ist von deren Konzentration abhängig, da sich bei Wasserzugabe oder -entzug das Gleichgewicht verschiebt (siehe folgende Darstellung).

$$HA + H_2O \xrightleftharpoons{\text{Gleichgewichtsverschiebung}} H_3O^+ + A^-$$

$$HA + H_2O \xrightarrow{\text{Wasserzugabe}} H_3O^+ + A^-$$

$$HA + H_2O \xleftarrow{\text{Wasserentzug}} H_3O^+ + A^-$$

Wie man an den beiden oben zuletzt formulierten Gleichungen erkennt, verschiebt sich das chemische Gleichgewicht bei Wasserzugabe nach rechts, bei Wasserentzug nach links. Dieses Ergebnis lässt sich durch das *Prinzip vom kleinsten Zwang* begründen: Wird $c(H_2O)$ erhöht (bei Wasserzugabe) bzw. erniedrigt (bei Wasserentzug), so läuft bevorzugt die Reaktion ab, bei der $c(H_2O)$ wieder erniedrigt (Wasser verbraucht) bzw. erhöht (Wasser gebildet) wird.

Eine exakte Beschreibungsgröße für die Stärke einer Säure ist die ***Säurekonstante*** K_S.

Wendet man das Massenwirkungsgesetz (MWG) auf das oben formulierte Dissoziationsgleichgewicht an, so ergibt sich:

$$\frac{c(\mathbf{H_3O^+}) \cdot c(\mathbf{A^-})}{c(\mathbf{HA}) \cdot c(\mathbf{H_2O})} = K_c$$

Da – wie bereits erwähnt – in *verdünnten* (!) Lösungen die Konzentration der Wasser-Moleküle $c(H_2O)$ als *konstant* betrachtet werden kann, lässt sich dieser Bestandteil der Gleichung in die Massenwirkungskonstante K_C einbeziehen.

Demnach erhält man:

$$\frac{c(\mathbf{H_3O^+}) \cdot c(\mathbf{A^-})}{c(\mathbf{HA})} = K_c \cdot c(\mathbf{H_2O}) = K_S$$

Anstelle der *Säurekonstante* K_S wird für Rechnungen auch häufig der sogenannte ***Säureexponent*** pK_S verwendet.

Der Säureexponent pK_S ist der mit –1 multiplizierte Zehnerlogarithmus des Zahlenwertes der Säurekonstante K_S:

$$pK_S = -\lg K_S$$

Entsprechende Überlegungen können wir auch für *Basen* anstellen:

$$\mathbf{B + H_2O \rightleftarrows BH^+ + OH^-}$$

$$\frac{c(BH^+) \cdot c(OH^-)}{c(B) \cdot c(H_2O)} = K_c$$

$$\frac{c(BH^+) \cdot c(OH^-)}{c(B)} = K_c \cdot c(H_2O) = K_B$$

$$pK_B = -lg\ K_B$$

Der Zusammenhang zwischen dem K_S-Wert einer Säure und dem K_B-Wert ihrer korrespondierenden Base lässt sich wie folgt herleiten:

$$\mathbf{HA + H_2O \rightleftarrows A^- + H_3O^+ \quad | \quad H_2O + A^- \rightleftarrows OH^- + HA}$$

$$K_S = \frac{c(A^-) \cdot c(H_3O^+)}{c(HA)} \qquad K_B = \frac{c(OH^-) \cdot c(HA)}{c(A^-)}$$

$$K_S \cdot K_B = \frac{c(A^-) \cdot c(H_3O^+) \cdot c(OH^-) \cdot c(HA)}{c(HA) \cdot c(A^-)}$$

Durch Wegkürzen von $c(A^-)$ und $c(HA)$ erhält man:

$$K_S \cdot K_B = c(H_3O^+) \cdot c(OH^-)$$

Also gilt: $K_S \cdot K_B = K_W = 10^{-14}\ mol^2 \cdot l^{-2}$

Da $\lg(K_S \cdot K_B) = \lg K_W$ und $-\lg(K_S \cdot K_B) = -\lg K_W$, ergibt sich $-\lg K_S - \lg K_B = -\lg K_W$. Anders ausgedrückt:

$$pK_S + pK_B = pK_W$$

Um Säuren und Basen nach ihrer Stärke einordnen zu können, merken Sie sich bitte folgende Übersicht[17], wobei pK bei Säuren durch pK_S, bei Basen durch pK_B zu ersetzen ist:

Sehr starke Säuren bzw. Basen	$pK \leq 0$
Mittelstarke Säuren bzw. Basen	$0 < pK < 4$
Schwache Säuren bzw. Basen	$4 \leq pK \leq 10$
Sehr schwache Säuren bzw. Basen	$10 < pK < 14$
Extrem schwache Säuren bzw. Basen	$pK \geq 14$

[17] In der Fachliteratur existieren mehrere Einteilungsübersichten mit leicht voneinander abweichenden Angaben.

Da $K_S = \dfrac{c(H_3O^+) \cdot c(A^-)}{c(HA)}$ und somit $\lg K_S = \lg c(H_3O^+) + \lg \dfrac{c(A^-)}{c(HA)}$

bzw. $-\lg K_S = -\lg c(H_3O^+) - \lg \dfrac{c(A^-)}{c(HA)}$ oder $pK_S = pH - \lg \dfrac{c(A^-)}{c(HA)}$, ergibt sich schließlich:

$$pH = pK_S + \lg \frac{c(A^-)}{c(HA)}$$

Aus der oben zuletzt angegebenen Beziehung kann man folgern:
Sind bei einer bestimmten Säure *p*H- und pK_s-Wert gleich, so müssen die Konzentrationen der Säure (HA) und ihrer korrespondierenden Base (A^-) ebenfalls gleich sein. Da in diesem Falle $\dfrac{c(A^-)}{c(HA)} = 1$, folgt $\lg \dfrac{c(A^-)}{c(HA)} = \lg 1 = 0$.

Ist $pH < pK_S$, so gilt $\lg \dfrac{c(A^-)}{c(HA)} < 0$, das heißt $c(HA) > c(A^-)$.

Aufgrund dieser Zusammenhänge kann entschieden werden, ob in einem gegebenen *p*H-Bereich eine betrachtete Säure oder ihre korrespondierende Base vorwiegend beständig ist.

Essigsäure (CH_3COOH) hat einen pK_s-Wert von 4.75.
Bei $pH < 4.75$ liegt also die Säure, bei $pH > 4.75$ die korrespondierende Base (das Acetat-Ion CH_3COO^-) vor.

Gegeben sind:

a) pK_S (NH_4^+) = 9.25

b) pK_S (H_2S) = 6.92, pK_s (HS^-) = 13.00

c) pK_S (H_3PO_4) = 1.96, pK_s ($H_2PO_4^-$) = 7.12, pK_s (HPO_4^{2-}) =12.32.

Diskutieren Sie die Existenzbereiche der jeweils in Frage kommenden Teilchen!

Hinweis: Bei mehrprotonigen Säuren, wie z. B. Phosphorsäure, werden die Säureexponenten für die einzelnen Dissoziationsstufen meist mit entsprechenden Indizes versehen, im gewählten Beispiel also mit pK_{S_1}, pK_{S_2} und pK_{S_3} bezeichnet.

Säuren sind um so stärker, je kleiner ihr pK_S-Wert ist.
Basen sind um so stärker, je kleiner ihr pK_B-Wert ist.

Anhand von pK_S- bzw. pK_B-Werten können auch Aussagen über die Lage eines Säure-Base-Gleichgewichts gemacht werden.

Das Gleichgewicht der Reaktion zwischen Phosphorsäure ($pK_S = 1.96$) und Ammoniak ($pK_B = 4.75$) liegt auf der rechten Seite, da das Phosphorsäure-Molekül eine stärkere Säure als das Ammonium-Ion ($pK_S = 9.25$) und das Ammoniak-Molekül eine stärkere Base als das Dihydrogenphosphat-Ion ($pK_B = 12.04$) ist.

Hydrogenphosphat ($pK_S = 12.32$) soll mit Ammoniak umgesetzt werden.
Auf welcher Seite liegt das Gleichgewicht? Begründung!

Die stärkere Säure bzw. Base setzt die schwächere Säure bzw. Base in Freiheit. Eine Säure und eine Base reagieren um so vollständiger miteinander, je stärker sie sind.

2.6 Berechnung des *p*H-Wertes

*p*H-Werte einwertiger starker Säuren lassen sich sehr einfach nach der Formel $pH = -lg\ c(H_3O^+)$ errechnen. Diese Formel kann allerdings nur dann verwendet werden, wenn die betreffende Säure *vollständig dissoziiert* ist.

Somit ergeben sich folgende Fragen:

- Wie errechnet man den *p*H-Wert einer *mehrwertigen* Säure oder Base?
- Auf welche Weise lässt sich der *p*H-Wert einer *schwachen* Säure oder Base berechnen?

2.6.1 *p*H-Wert starker Säuren und Basen

In wässrigen Lösungen ***sehr starker einwertiger (einprotoniger) Säuren*** laufen folgende Gleichgewichtsreaktionen nebeneinander ab:

$$HA + H_2O \rightleftarrows A^- + \mathbf{H_3O^+} \quad (1)$$

$$H_2O + H_2O \rightleftarrows OH^- + \mathbf{H_3O^+} \quad (2)$$

Wegen der vollständigen Dissoziation sehr starker Säuren kann man die Konzentration der aus der obigen Gleichung 1 stammenden Oxonium-Ionen gleich der *Ausgangskonzentration der Säure* c_0(HA) setzen.

Die durch die Autoprotolyse von Wasser (Gleichung 2, vgl. auch S. 73) gebildeten H_3O^+-Ionen machen nur einen verschwindend kleinen Anteil an der Gesamtkonzentration der in der Säure-Lösung vorhandenen H_3O^+-Ionen aus und können daher vernachlässigt werden. In diesem Zusammenhang sei an die Gleichgewichtsverschiebung nach links dem PkZ gemäß erinnert:

$$H_2O + H_2O \xleftarrow{+H_3O^+} OH^- + H_3O^+$$

(Die Erhöhung der Konzentration eines Endstoffs begünstigt die Rückreaktion!)

Unter Voraussetzung vollständiger Säuredissoziation ergibt sich folgende Berechnungsformel zur Ermittlung des *p*H-Wertes:

$$pH = -lg\ c(H_3O^+) = -lg\ c_0\ (HA)$$

Zweiwertige (zweiprotonige) Säuren können grundsätzlich in zwei Stufen dissoziieren. Es gibt keine ***sehr starke zweiwertige Säure***, bei der sowohl die erste als auch die zweite Dissoziationsstufe eine sehr starke Säure darstellt.
Naturgemäß hat die zweite Dissoziationsstufe eine *erheblich schwächere* Tendenz zur Protonenabgabe. So unterscheiden sich beispielsweise der $pK_S\ (H_2SO_4) = -3$ und der $pK_S\ (HSO_4^-) = 1.92$ um rund fünf Einheiten.
Das Schwefelsäure-Molekül wirkt also als *sehr starke* Säure, das Hydrogensulfat-Ion als *mittelstarke* Säure (vgl. *p*K-Übersicht auf S. 78)

Bei der pH-Berechnung einer zweiwertigen Säure wird nur die erste Dissoziationsstufe berücksichtigt[18].

In wässrigen Lösungen ***sehr starker einwertiger Basen*** laufen folgende Gleichgewichtsreaktionen nebeneinander ab (vgl. S. 78).

$$B + H_2O \rightleftarrows BH^+ + \mathbf{OH^-}$$
$$H_2O + H_2O \rightleftarrows H_3O^+ + \mathbf{OH^-}$$

Da sehr starke Basen *vollständig dissoziiert* sind, entspricht die Hydroxid-Ionen-Konzentration $c(OH^-)$ der *Ausgangskonzentration der Base* $c_0(B)$.
Somit ergibt sich folgende Berechnungsformel:

$$pH = 14 - pOH = 14 + lg\ c(OH^-) = 14 + lg\ c_0(B)$$

Die einzige ***sehr starke zweiwertige Base*** in wässriger Lösung ist das Oxid-Ion O^{2-}. Dieses reagiert mit Wasser unter Bildung von Hydroxid-Ionen:

$$\mathbf{O^{2-} + H_2O \rightleftarrows OH^- + OH^-}$$

[18] Der Fehler durch dieses Näherungsverfahren zur *p*H-Berechnung ist nie größer als 0,3 *p*H-Einheiten. Er kann daher im Rahmen unserer Betrachtungen vernachlässigt werden.

Die *Oxide der Erdalkalimetalle* sind schwer löslich. Oxid-Ionen, die in Lösung gehen, reagieren praktisch vollständig laut obiger Gleichung. Eine exakte *p*H-Berechnung ist in diesem Falle nicht möglich, da die entsprechenden K_L-Werte (vgl. S. 110 ff. „Das Löslichkeitprodukt") nicht angegeben werden können.
Alkalimetalloxide bilden bevorzugt Peroxide und kompliziertere Oxide.
Metallhydroxide liefern direkt Hydroxid-Ionen (vgl. S. 67 f., Kap. 2.2).
Im Folgenden wird exemplarisch jeweils die Berechnungsformel für NaOH und für $Ca(OH)_2$ angegeben, wobei vollständige Dissoziation angenommen werden kann.

NaOH: $c(OH^-) = c_0(NaOH)$

$\rightarrow\ pH = 14 + \lg c_0(NaOH)$

$Ca(OH)_2$: $c(OH^-) = 2\ c_0[Ca(OH)_2]$

$\rightarrow\ pH = 14 + \lg 2c_0[Ca(OH)_2]$

Beachten Sie, dass Ionen, die bei der Autoprotolyse des Wasser entstehen, vernachlässigt werden.
Mittelstarke Säuren und Basen[19] werden aus folgenden Gründen hier nicht näher behandelt:

- Es gibt nur wenige mittelstarke Säuren oder Basen, die für die Chemie wässriger Lösungen eine nennenswerte Bedeutung haben.
- Die für die Berechnung erforderlichen Näherungsverfahren führen zu relativ großen Fehlern.
- Die Berechnungsmethoden sind sehr kompliziert.

2.6.2 *p*H-Wert schwacher Säuren und Basen

Auch in Lösungen ***einwertiger schwacher Säuren*** bestehen grundsätzlich die auf S. 80 schon angesprochenen Gleichgewichtsreaktionen

$$HA + H_2O \rightleftarrows A^- + \mathbf{H_3O^+}\ (1)$$
$$H_2O + H_2O \rightleftarrows OH^- + \mathbf{H_3O^+}\ (2)$$

Die Anwendung des MWG auf (1) liefert folgende Beziehung:

$$K_S = \frac{c(A^-) \cdot c(H_3O^+)}{c(HA)}$$

[19] Ob das eigentlich als mittelstarke Base einzuordnende Carbonat-Ion ($pK_B = 3.6$) für Berechnungszwecke der Einfachheit halber als schwache oder starke Base zu betrachten ist, wird von der Aufgabenstellung abhängig gemacht.

Folgende Näherungen sind erlaubt:

$\mathbf{c(H_3O^+) \approx c(A^-)}$	*Vernachlässigung der durch die Autoprotolyse des Wasser gebildeten H_3O^+-Ionen*
$\mathbf{c(HA) \approx c_0(HA)}$	*Es sind nur relativ wenige Säure-Moleküle dissoziiert.*

Unter Einbeziehung dieser Näherungen kann wie folgt weiter umgeformt werden:

$$K_S = \frac{c^2(H_3O^+)}{c_0(HA)} \qquad | \lg$$

$$\lg K_S = 2 \cdot \lg c(H_3O^+) - \lg c_0(HA) \qquad | \cdot (-1)$$

$$-\lg K_S = -2 \cdot \lg c(H_3O^+) + \lg c_0(HA) \qquad | -\lg c_0(HA)$$

$$-2 \cdot \lg c(H_3O^+) = -\lg K_S - \lg c_0(HA) \qquad | \text{ Definitionen anwenden!}$$

$$2 \cdot pH = pK_S - \lg c_0(HA) \qquad | :2$$

$$pH = \frac{1}{2}\,[pK_S - \lg c_0\,(HA)]$$

Leiten Sie die zuletzt genannte Gleichung zur Übung auswendig her!

Bei einwertigen schwachen Basen bestehen die folgenden Gleichgewichtsreaktionen (vgl. auch S. 81):

$$B + H_2O \rightleftarrows BH^+ + \mathbf{OH^-} \quad (1)$$

$$H_2O + H_2O \rightleftarrows H_3O^+ + \mathbf{OH^-} \quad (2)$$

Unter Anwendung des MWG auf (1) ergibt sich:

$$K_B = \frac{c(BH^+) \cdot c(OH^-)}{c(B)}$$

Folgende Näherungen sind erlaubt:

$\mathbf{c(OH^-) \approx c(BH^+)}$	*Vernachlässigung der durch die Autoprotolyse des Wassers gebildeten OH^--Ionen*
$\mathbf{c(B) \approx c_0(B)}$	*Es sind nur relativ wenige Base-Moleküle dissoziiert.*

Unter Einbeziehung der Näherungen kann weiter umgeformt werden:

$$K_B = \frac{c^2(OH^-)}{c_0(B)}$$

$$\lg K_B = 2 \cdot \lg c(OH^-) - \lg c_0(B)$$

$$-2 \cdot \lg c(OH^-) = -\lg K_B - \lg c_0(B)$$

$$2 \cdot pOH = pK_B - \lg c_0(B)$$

$$pOH = \tfrac{1}{2}\,[pK_B - \lg c_0(B)]$$

Unter Berücksichtigung der Beziehung pH = 14 - pOH gilt schließlich:

$$pH = 14 - \tfrac{1}{2}\,[pK_B - \lg c_0\,(B)]$$

Leiten Sie die zuletzt genannte Gleichung zur Übung auswendig her!

2.7 Experimentelle Bestimmung des *p*H-Wertes

Der *p*H-Wert hat einen großen Einfluss auf den Verlauf vieler chemischer - auch biochemischer - Reaktionen. Eine einfache und schnelle *p*H-Messung ist daher sowohl für die theoretische als auch für die angewandte Chemie sehr bedeutsam.

Bereits Robert Boyle erkannte, dass bestimmte Pflanzenfarbstoffe, wie z. B. der aus einer besonderen Flechtenart gewonnene *Lackmus* und Inhaltsstoffe von Kornblumen und Rotkohl ihre Farbe verändern, wenn sie mit einer sauren oder alkalischen Lösung versetzt werden.

Derartige Farbstoffe werden als ***Indikatoren***[20] oder exakter als ***Säure-Base-Indikatoren*** bzw. ***pH-Indikatoren*** bezeichnet.

***Indikatoren** sind Farbstoffe, die je nach dem pH-Wert ihre Farbe ändern können. Es handelt sich stets um Säuren, deren korrespondierende Basen eine andere Farbe besitzen.*

Die Tab. 85.1 enthält eine exemplarische Auswahl besonders bekannter Indikatoren mit ihrer jeweiligen Farbe im sauren und alkalischen Bereich.

[20] von *indicare* (lat.) = anzeigen

Indikator	Indikatorfarbe im Sauren	Indikatorfarbe im Alkalischen
Lackmus	rot	blau
Methylrot	rot	gelb
Methylorange	rot	orange
Bromthymolblau	gelb	blau
Phenolphthalein	farblos	rotviolett („pink“)

Tab. 85.1 Indikatorfarben im sauren und alkalischen Bereich

Indikatoren zeigen nicht nur allgemein, *ob* eine untersuchte Lösung *sauer oder alkalisch* ist, sondern auch, *welchen pH-Wert* diese besitzt.
Betrachten wir zur Erklärung dieses Sachverhalts das folgende Dissoziationsgleichgewicht:

$$\mathbf{HIn} \rightleftarrows \mathbf{H^+} + \mathbf{In^-}$$

Indikatorsäure (Farbe 1) — Indikatorbase (Farbe 2)

Die Anwendung des MWG auf die Gleichgewichtsreaktion ergibt:

$$\frac{c(H^+) \cdot c(In^-)}{c(HIn)} = K_I \quad \text{bzw.} \quad pH = pK_I - \lg \frac{c(HIn)}{c(In^-)}$$

(K_I = Säurekonstante der Indikatorsäure, pK_I = Indikator-Exponent)

Zur Erläuterung des charakteristischen Farbumschlags ordnen wir der Indikatorsäure HIn die Farbe 1 und der entsprechenden Indikatorbase In^- die Farbe 2 zu (vgl. obige Dissoziationsgleichung).
Am sog. ***Umschlagspunkt des Indikators*** liegen beide Partner des korrespondierenden Säure-Base-Paares HIn/In^- in der gleichen Konzentration vor.
Es gilt dann also $c(HIn) = c(In^-)$. Setzt man diese Konzentrationen in die MWG-Gleichung (oben links) ein, so erhält man $c(H^+) = K_I$.
Außerdem gilt dann die Beziehung $pH = pK_I$ (vgl. Gleichung oben rechts).
Wegen der *Farbempfindlichkeit des menschlichen Auges* lassen sich Farbe 1 und Farbe 2 nur dann eindeutig gegeneinander abgrenzen, wenn sie jeweils in einem etwa *zehnfachen Überschuss* vorliegen. Unter dieser Voraussetzung kann der jeweilige *p*H-Wert errechnet werden, bei dem entweder HIn oder In^- *erkennbar* ist:

Indikatorsäure erkennbar, wenn:

$$pH = pK_I - \lg \frac{10}{1}$$

bzw.

$$pH = pK_I - 1$$

Indikatorbase erkennbar, wenn:

$$pH = pK_I - \lg \frac{1}{10}$$

bzw.

$$pH = pK_I + 1$$

Die beiden letztgenannten Beziehungen lassen sich zusammenfassen und beschreiben das ***Umschlagsintervall*** (den ***Umschlagsbereich***) ***des Indikators***:

$$\mathbf{pH = pK_I \pm 1}$$

Der Umschlagsbereich eines Indikators umfasst folglich ungefähr zwei pH-Einheiten.

Da jeder Indikator durch seinen pK_I-Wert gekennzeichnet ist und deshalb nur in einem bestimmten *p*H-Intervall umschlägt, ist es für die experimentelle Bestimmung des *p*H-Wertes einer Lösung notwendig, mehrere Indikatoren zu verwenden. Durch Mischen von bis zu fünf verschiedenen Indikatorlösungen erhält man sog. ***Universalindikatoren***.

In der Praxis haben sich mit derartigen Indikatorgemischen getränkte Papierstreifen, die ***Indikatorpapiere***, als besonders zweckmäßig erwiesen. Des Weiteren werden auch oft ***Indikatorstäbchen*** eingesetzt.

Die von den Indikatorpapieren bzw. -stäbchen gezeigten Farben werden mit einer vorgedruckten Farbskala verglichen.

In manchen Fällen verwendet man auch eine Mischung aus einem eigentlichen Indikator und einem ***indifferenten Farbstoff*** (z. B. Indikator Methylrot + Zusatzfarbstoff Methylenblau). Letzterer hat eine konstante Farbe in verschiedenen *p*H-Bereichen und ermöglicht eine leichtere Erkennung des Farbumschlags.

Eine andere Möglichkeit besteht darin, zwei Indikatoren zu mischen, deren Umschlagsbereiche mehr oder weniger zusammenfallen. Das Prinzip solcher Mischindikatoren beruht darauf, dass im Umschlagsintervall die Farben der beiden Komponenten *komplementär* sind. Man sieht also in diesem *p*H-Bereich einen neutral-grauen Farbton, der sich recht gut von der Farbe der Indikatorsäure bzw. -base abgrenzen lässt.

Die Tab. 86.1 zeigt die Umschlagsintervalle einer Reihe viel verwendeter Indikatoren.

Indikator	**Umschlagsbereich**	**HIn**	**In^-**
Methylorange	3,1 bis 4,4		
Methylrot	4,4 bis 6,2		
Lackmus	5,0 bis 8,0		
Bromthymolblau	6,2 bis 7,6		
Phenolphthalein	8,0 bis 9,8		
Thymolphthalein	9,3 bis 10,5	farblos	blau

Tab. 86.1 Umschlagsbereiche von Indikatoren und Farben von Indikatorsäuren und -basen

Tragen Sie zur Wiederholung die entsprechenden Farben der Indikatorsäuren und -basen in die obige Tabelle ein!

Aus der Tab. 86.1 ist u. a. zu entnehmen, dass es sowohl Indikatoren gibt, bei denen HIn und In^- farbig sind (***zweifarbige Indikatoren***), als auch solche, bei denen eine Form farblos ist (***einfarbige Indikatoren***).
Will man den *p*H-Wert einer gefärbten Lösung bestimmen, so ist die Verwendung von Farbindikatoren (***kolorimetrisches Verfahren***) aus verständlichen Gründen ungeeignet. Hinzu kommt, dass *p*H-Messungen mit Indikatoren wegen individueller Unterschiede im Farbempfinden nicht besonders exakt sind.
Wesentlich genauere Ergebnisse erhält man durch die ***potenziometrische pH-Messung*** unter Einsatz eines elektronischen Messgeräts, eines ***pH-Meters***.

„Protolysen-Marathon"

Bearbeiten Sie folgende Aufgaben!

1. Welchen *p*H-Wert hat eine Lösung mit $c(OH^-) = 1 \frac{mol}{l}$?
2. Berechne den *p*H-Wert einer NaOH-Lösung, die 2 g NaOH in 600 ml Lösung enthält!
3. Berechne den *p*H-Wert einer $Ca(OH)_2$-Lösung (unter der Annahme vollständiger Dissoziation) mit $c_0[Ca(OH)_2] = 0{,}05\ mol \cdot l^{-1}$!
4. Der *p*H-Wert einer Salzsäure betragt 2,7. Berechne die Oxoniumionen-Konzentration!
5. Welche Hydroxidionen-Konzentration hat eine Kalilauge mit *p*H = 12,6?
6. 0,3 g konzentrierte Schwefelsäure sind in einem halben Liter Lösung enthalten. Welchen *p*H-Wert hat diese Lösung?
7. Welchen *p*H-Wert besitzt eine Natronlauge, die 0,8 g NaOH in 100 ml Lösung enthält?
8. Ergänze folgende Protolyse-Gleichungen, wobei jeweils nur ein Proton übertragen wird. Wird die Hin- oder die Rückreaktion begünstigt?

   a) $HSO_4^- + CO_3^{2-} \rightleftarrows \ldots$ — $pK_S = 1{,}92$ $pK_B = 3{,}6$

   b) $HCOOH + NO_2^- \rightleftarrows \ldots$ — $pK_S = 3{,}74$ $pK_B = 10{,}66$

   c) $HF + CN^- \rightleftarrows \ldots$ — $pK_S = 3{,}14$ $pK_B = 4{,}6$
9. Berechne die Masse der Hydroxid-Ionen in 0,5 l einer Lösung mit *p*H = 13!
10. Berechne die Basenkonstante aus $K_S = 3{,}2 \cdot 10^{-11}\ mol \cdot l^{-1}$!
11. Berechne den Säureexponenten aus $K_B = 6 \cdot 10^{-10}\ mol \cdot l^{-1}$!
12. Welchen *p*H-Wert hat eine Essigsäure mit der Stoffmengenkonzentration $c = 0{,}1\ mol \cdot l^{-1}$ ($pK_S = 4{,}75$)?

13. Berechne den pH-Wert einer HCN-Lösung mit $c_0(HCN) = 0{,}02\ \text{mol} \cdot l^{-1}$!
($K_S = 10^{-9}\ \frac{\text{mol}}{l}$)

14. Welchen pH-Wert hat eine Ammoniak-Lösung mit der Stoffmengenkonzentration $1\ \text{mol} \cdot l^{-1}$? ($pK_B = 4{,}75$)

15. Berechne die Stoffmengenkonzentration einer Essigsäure-Lösung ($pK_S = 4{,}75$), deren pH-Wert dem einer Salzsäure mit $c_0(\text{HCl}) = 8 \cdot 10^{-4}\ \text{mol} \cdot l^{-1}$ entsprechen soll!

16. Berechne die Säurekonstante von Schwefelwasserstoffsäure für die erste Dissoziationsstufe, wenn die Lösung eine Ausgangskonzentration von $c_0 = 0{,}1\ \text{mol} \cdot l^{-1}$ besitzt und ihr pH-Wert 4 ist!

17. Die wässrige Lösung einer einwertigen schwachen Säure mit $c_0(HA) = 0{,}005\ \text{mol} \cdot l^{-1}$ hat einen pH-Wert von 4,7.
Berechne die Säurekonstante und den Säureexponenten!

18. Der Umschlagsbereich eines Indikators liegt zwischen $p\text{H} = 4{,}3$ und $p\text{H} = 5{,}7$.
Berechne die Dissoziationskonstante (entspricht hier der Säurekonstante) unter der Annahme, dass der Umschlagspunkt des Indikators in der Mitte dieses Bereichs liegt!

Viel Erfolg!

2.8 Titrimetrie (Maßanalyse)

2.8.1 Einführung

Bekanntlich reagieren *Säuren* mit *Basen* unter Bildung von entsprechenden *Salzen* und *Wasser*. Die eigentlichen Reaktionspartner bei diesen chemischen Vorgängen sind *Protonen* und *Hydroxid-Ionen*. Die H^+-Ionen und OH^--Ionen werden miteinander im Verhältnis 1:1 zu *Wasser-Molekülen* umgesetzt. Man nennt diesen chemischen Vorgang ***Neutralisation*** oder ***Neutralisationsreaktion*** (vgl. folgende Gleichung).

$$\underset{\text{sauer}}{H^+} + \underset{\text{basisch}}{OH^-} \rightleftarrows \underset{\text{neutral}}{H_2O}$$

Aufgrund dieser Reaktion lässt sich der ***Gehalt*** einer Säure (bzw. Base) an H^+-Ionen (bzw. OH^--Ionen) und somit auch deren Konzentration experimentell bestimmen. Hierzu gibt man so viel von einer Base (bzw. Säure) mit *bekanntem* Gehalt (also auch *bekannter* Konzentration) an OH^--Ionen (bzw. H^+-Ionen) zu einer Säure (bzw. Base) mit *unbekanntem* Gehalt, bis sämtliche H^+- und OH^--Ionen nach der oben formulierten Gleichung reagiert haben. In diesem Falle ist der sog. ***Äquivalenzpunkt*** erreicht.

Man bezeichnet dieses Verfahren der „Gehaltsbestimmung" als ***Titrimetrie***[21] oder ***Maßanalyse***. Die Lösung mit unbekannter Konzentration heißt ***Probelösung***, die Lösung mit genau bekannter Konzentration wird als ***Maßlösung*** bezeichnet.
Selbstverständlich sind bei der *Titration einer Säure* (Bestimmung des Gehalts an H^+-Ionen in der Lösung) mit einer Base zunächst die Protonen in der Überzahl vorhanden. Bis zum Erreichen des Äquivalenzpunktes werden Hydroxid-Ionen zugegeben und verbraucht.
Bei der *Titration einer Base* (Ermittlung des Gehalts an OH^--Ionen in der Lösung) mit einer Säure sind anfangs überschüssige OH^--Ionen vorhanden, die im Verlauf der Reaktion neutralisiert werden.
Wir unterscheiden also zwei Spezialfälle bei Titrationen:

→ Bestimmung des Gehalts einer Säure: *Acidimetrie*
(Säure als Probelösung, Base als Maßlösung)

→ Bestimmung des Gehalts einer Base: *Alkalimetrie*
(Base als Probelösung, Säure als Maßlösung)

Während der Reaktion verfolgt man die charakteristische Änderung des *p*H-Wertes kolorimetrisch oder potenziometrisch (vgl. S. 84 ff.).

2.8.2 Titration einer starken Säure mit einer starken Base[22]

Mit Hilfe einer Vollpipette gibt man exakt 50 ml einer Salzsäure mit $c(\text{HCl}) \approx 1\,\frac{\text{mol}}{\text{l}}$ in ein Becherglas. Anschließend taucht man die Messelektrode eines zuvor geeichten *p*H-Meters in die Salzsäure und tropft laut folgender Tabellenanweisung aus einer Bürette schrittweise Natronlauge mit $c(\text{NaOH}) = 1\,\frac{\text{mol}}{\text{l}}$ zu. Gleichzeitig werden beide Lösungen mit einem Magnetrührer gleichmäßig durchmischt (Abb. 89.1).

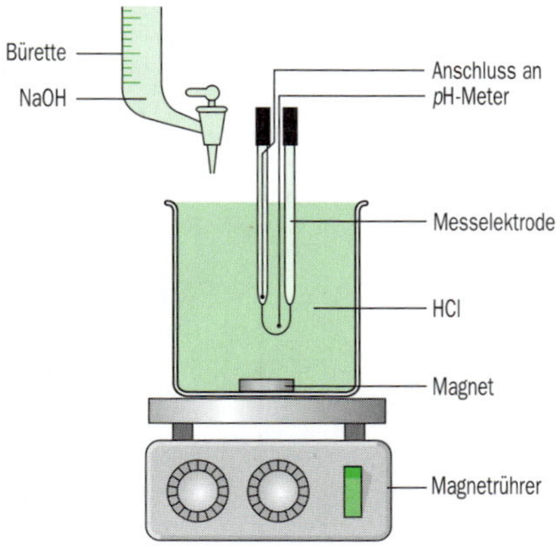

Abb. 89.1 Versuchsanordnung zur Durchführung einer Titration (hier von Salzsäure mit Natronlauge)

[21] von *le titre* (franz.) = der Gehalt und von *le metre* (franz.) = die Messung
[22] Die in diesem Demonstrationsbeispiel verwendete Salzsäure soll sozusagen der Probelösung (mit eigentlich unbekannter Konzentration) entsprechen, die Natronlauge stellt die Maßlösung dar. Bei den Tabellenwerten handelt es sich um tatsächliche Messergebnisse, die während eines Experiments gefunden wurden.
Abweichungen zwischen theoretisch zu erwartenden und experimentell gefundenen Werten beruhen auf Versuchsfehlern, sind aber im Rahmen unserer Betrachtungen ohne Bedeutung. Ähnliches gilt für die folgenden Titrationsbeispiele.

ml zugesetzte NaOH	*p*H-Wert	ml zugesetzte NaOH	*p*H-Wert
0,0	0	50,1	/
10,0	0,25	50,5	11,42
20,0	0,4	51,0	11,75
30,0	0,6	60,0	12,6
40,0	0,9	70,0	12,9
49,0	1,9	80,0	13
49,5	2,3	90,0	13,15
49,9	3,88	100,0	13,2
50,0	6,76		

Tab. 90.1 Messergebnisse bei der Tritation von Salzsäure mit Natronlauge

Zeichnen Sie unter Verwendung der Tab. 90.1 die sich ergebende Titrationskurve! (Tragen Sie hierzu die gemessenen *p*H-Werte gegen die Einzelvolumina an zugesetzter NaOH-Lösung auf).

Diskutieren Sie charakteristische Kurvenpunkte bzw. -bereiche!

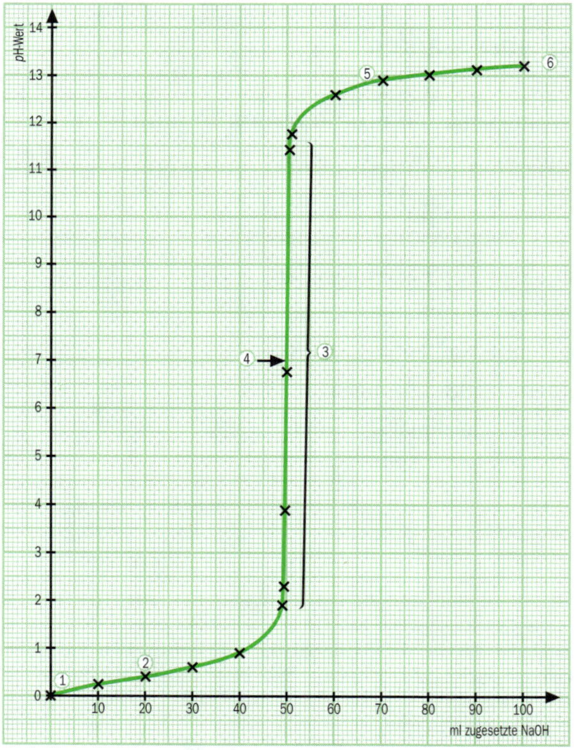

Abb. 90.2 Titrationskurve (Lösung der Aufgabe)

Interpretation des Kurvenverlaufs:

1. **Anfangs-*p*H**

Salzsäure ist eine *starke* Säure.

In Abhängigkeit von ihrer Stoffmengenkonzentration ergibt sich folgender pH-Wert *vor* Zugabe der Natronlauge (vgl. hierzu auch S. 80 f.):

$$pH = -\lg c(H_3O^+) = -\lg 10^0 = 0$$

2. Durch Zugabe von OH^--Ionen *steigt der pH-Wert zunächst langsam an.*

3. ***p*H-Sprung**

Sind fast 50 ml NaOH-Lösung zugesetzt, so liegen etwa das gleiche Volumen und die gleiche Stoffmengenkonzentration wie bei der vorgegebenen Salzsäure vor.

Die Titrationskurve zeigt dann einen charakteristischen, *senkrechten Verlauf*, der die *Stelle größter pH-Änderung* widerspiegelt.

4. **Äquivalenzpunkt**

Genau *in der Mitte des pH-Sprungs* (bei gleichen Ausgangskonzentrationen von Säure und Base) befindet sich der *Wendepunkt der Kurve.*

Hier ist gerade die zur vollständigen Neutralisation der vorgelegten Säure erforderliche Menge an Base verbraucht worden.

Die *Konzentrationen an H^+-Ionen und OH^--Ionen* in der neutralen Lösung sind *gleich*, nämlich jeweils $10^{-7}\,\frac{mol}{l}$ (vgl. auch S. 74 f.). Somit ergibt sich $pH = 7$.

Man spricht daher auch vom ***Neutralpunkt*** der Titrationskurve.

Der Äquivalenzpunkt entspricht bei der Titration einer starken Säure mit einer starken Base (und umgekehrt) also dem Neutralpunkt.

5. *Nach dem pH-Sprung steigt das pH* mit zunehmender Hydroxidionen-Konzentration nur noch *langsam an.*

6. **End-*p*H**

Die Titrationskurve erreicht bei weiterer Zugabe von Natronlauge (NaOH) schließlich einen *Grenzwert*, der sich wie folgt errechnen lässt:

$pOH = -\lg c(OH^-) = -\lg 1 = -\lg 10^0 = 0$

$pH + pOH = 14$ *(vgl. S. 76)* $\rightarrow pH = 14 - pOH = 14 - 0 = 14$

Hinweis: Die während der Titration erfolgende Volumenänderung muss bei der Berechnung bedarfsweise berücksichtigt werden!

Die Abb. 92.1 zeigt die Titrationskurven für die Titration einer starken Säure (hier: Salzsäure) mit einer starken Base (hier: Natronlauge), wobei für die Probelösung und die Maßlösung exemplarisch jeweils die Ausgangskonzentrationen
$c_0 = 1\,\frac{\text{mol}}{\text{l}}$, $c_0 = 0{,}1\,\frac{\text{mol}}{\text{l}}$ und $c_0 = 0{,}01\,\frac{\text{mol}}{\text{l}}$ verwendet wurden.

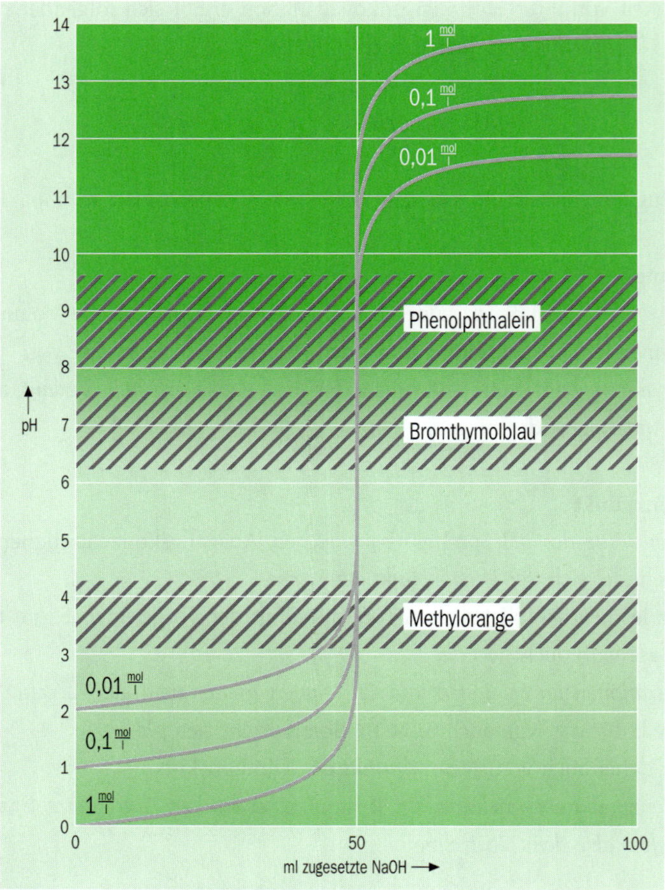

Abb. 92.1 Titrationskurven für die Titration einer starken Säure mit einer starken Base bei verschiedenen Ausgangskonzentrationen.

Der Hauptunterschied der Kurven liegt im *Anfangs- und Endverlauf*, da diese durch die Stoffmengenkonzentrationen der beteiligten Lösungen bestimmt werden. Charakteristisch ist auch der *große pH-Sprung*.

Will man diesen mit einem Indikator (vgl. S. 84 ff.) anzeigen, so muss dessen Farbe *innerhalb des pH-Sprungs* umschlagen.

Wie die Abb. 92.1 zeigt, eignen sich zur Indizierung des Äquivalenzpunkts bei der Titration einer starken Säure mit einer starken Base (und umgekehrt) z. B. *Methylorange*, *Bromthymolblau* und *Phenolphthalein*, weil die *Umschlagsintervalle* dieser Indikatoren (vgl. S. 86) *innerhalb des pH-Sprungs* liegen.

2.8.3 Titration einer schwachen Säure mit einer starken Base

Entsprechend der Versuchsbeschreibung in Kap. 2.8.2 wird die Titration einer Essigsäure-Lösung mit $c(CH_3COOH) \approx 1\,\frac{mol}{l}$ als Probelösung mit einer Natronlauge der Konzentration $c(NaOH) = 1\,\frac{mol}{l}$ als Maßlösung durchgeführt.

ml zugesetzte NaOH	pH-Wert	ml zugesetzte NaOH	pH-Wert
0,0	2,4	50,1	7,2
10,0	4,0	50,5	10,8
20,0	4,5	51,0	11,7
30,0	4,8	60,0	12,5
40,0	5,2	70,0	12,75
49,0	6,25	80,0	12,9
49,5	6,5	90,0	13,1
49,9	6,75	100,0	13,2
50,0	6,9		

Tab. 93.1 Messergebnisse bei der Titration von Essigsäure mit Natronlauge

Zeichnen Sie unter Verwendung der obigen Tabellenwerte die sich ergebende Titrationskurve! (Tragen Sie hierzu die gemessen pH-Werte gegen die Einzelvolumina an zugesetzter NaOH-Lösung auf.) Diskutieren Sie charakteristische Kurvenpunkte bzw. -bereiche!

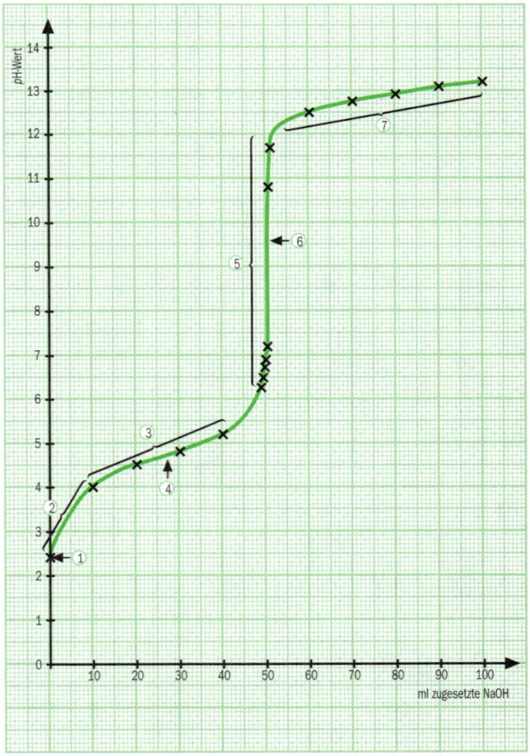

Abb. 93.2 Titrationskurve (Lösung der Aufgabe)

Interpretation des Kurvenverlaufs:

1. Anfangs-*p*H

Essigsäure ist eine *schwache* Säure ($pK_S = 4{,}75$, vgl. *pK*-Einteilung auf S. 78).
In Abhängigkeit von ihrer Ausgangskonzentration ergibt sich theoretisch nach der Gleichung zur Berechnung des *p*H-Wertes schwacher Säuren (vgl. S. 83) folgender *p*H-Wert *vor* Zugabe der Natronlauge:

$$pH = \frac{1}{2}\,[pK_S - \lg c_0\,(HA)] = \frac{1}{2}\,(4{,}75 - \lg 10^0) = \frac{1}{2}\,(4{,}75 - 0) = 2{,}38$$

2. Durch Zugabe von OH^--Ionen *steigt der pH-Wert der Lösung zunächst kurzzeitig relativ schnell an.* Dies ist darauf zurückzuführen, dass die wenigen H^+-Ionen, die durch die geringfügige Dissoziation der Essigsäure-Lösung entstehen, bereits durch die in die ersten Tropfen an zugesetzter starker Base enthaltenen OH^--Ionen neutralisiert werden.

3. Dieser Bereich ist durch eine *verhältnismäßig geringe pH-Änderung* gekennzeichnet. Die zugegebenen OH^--Ionen verschieben das Gleichgewicht

$$HA + H_2O \rightleftharpoons H_3O^+ + A^-$$

nach *rechts*. Dadurch erhöht sich die Oxoniumionen-Konzentration in der Lösung. Als Folge davon können verstärkt OH^--Ionen abgefangen werden.

4. Halber Äquivalenzpunkt

Dieser Punkt stellt – mathematisch gesehen – einen *Wendepunkt in der Kurve* dar. Er entspricht dem *p*H-Wert, bei dem gerade die *Hälfte der Säure-Moleküle neutralisiert* ist. Demzufolge ist nun die Konzentration an Säurerest-Ionen (A^-) und undissoziierten Säure-Molekülen (HA) *gleich.*
Der *p*H-Wert lässt sich für diesen Fall folgendermaßen berechnen (vgl. Berechnungsformel auf S. 79):

$$pH = pK_S + \lg \frac{c(A^-)}{c(HA)} = pK_S + \lg 1 = pK_S + 0 = pK_S = 4{,}75$$

Man nennt den entsprechenden Kurvenpunkt den ***„halben Äquivalenzpunkt"***.

5. *p*H-Sprung

Sind annähernd 50 ml NaOH-Lösung zugegeben worden, setzt eine *schnelle und starke Änderung des pH-Wertes* der Mischlösung ein.

6. Äquivalenzpunkt

Genau *in der Mitte des pH-Sprungs*, d. h. im *zweiten Wendepunkt der Kurve*, liegt der Äquivalenzpunkt. Hier sind *alle Säure-Moleküle neutralisiert.*

Der *Äquivalenzpunkt entspricht* jedoch hier *nicht dem Neutralpunkt* wie im vorigen Titrationsbeispiel, sondern der *Äquivalenzpunkt ist in den alkalischen Bereich verschoben.* Dies lässt sich wie folgt erklären:

Bei der Reaktion der *Säure* CH_3COOH mit der *Base* NaOH entsteht das *Salz* CH_3COONa (Natriumacetat[23]), genauer gesagt: eine Natriumacetat-Lösung.

Bekanntlich stellen die *Anionen schwacher Säuren* deren korrespondierende Basen dar. Sie wirken als *starke Brönsted-Basen.*

Wiederholen Sie die Kap. 2.3, S. 69ff. und Kap. 2.5, S. 76ff.!

In unserem Beispiel reagieren also die Acetat-Ionen mit Wasser-Molekülen unter Bildung von Essigsäure-Molekülen und **Hydroxid-Ionen**:

CH_3COO^-	+	H_2O	$\rightleftarrows$	CH_3COOH	+	$\mathbf{OH^-}$
Acetat-Ionen		Wasser-Moleküle		Essigsäure-Moleküle		**Hydroxid-Ionen**

Die gebildeten OH^--Ionen sind für die *alkalische* Reaktion der Lösung verantwortlich. Der Äquivalenzpunkt liegt in diesem Fall bei $pH \approx 9{,}5$.

7. *Nach dem pH-Sprung steigt das pH* mit zunehmender OH^--Konzentration nur noch *langsam an.*

8. End-*p*H

Auch diese Titrationskurve strebt gegen einen *Grenzwert*, der sich aus der Stoffmengenkonzentration der eingesetzten Base ergibt.

Es sei daran erinnert, dass alle H_3O^+-Ionen bereits neutralisiert sind und daher keinen Einfluss auf den *p*H-Wert der Lösung mehr haben.

Abb. 96.1 zeigt die Titrationskurven verschieden starker einwertiger Säuren im Vergleich. Die zugeordneten pK_S-Werte geben die „halben Äquivalenzpunkte" an (vgl. S. 94).

[23] Die systematische Bezeichnung für dieses Salz lautet Natriumethanoat.
Näheres zur Benennung von Verbindungen finden Sie im Abschnitt „Organische Chemie" des 3. Bandes dieser Reihe.

Zur Durchführung der Titrationsexperimente wurden Säuren mit $c_0(HA) = 0{,}1\ \frac{mol}{l}$ vorgelegt. Als „Maßlösung" wurde jeweils eine sehr starke einwertige Base mit der Ausgangskonzentration $c_0(B) = 0{,}1\ \frac{mol}{l}$ zugegeben.

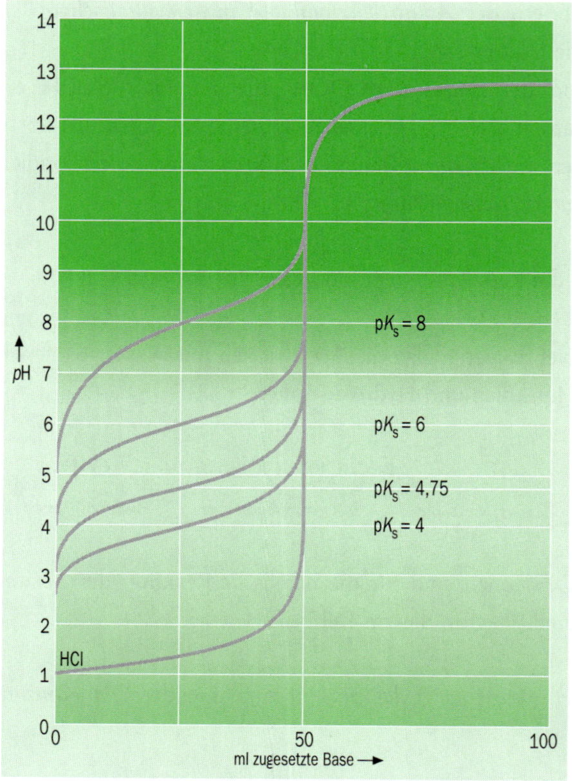

Abb. 96.1 Titrationskurven verschieden starker einprotoniger Säuren

Aus bereits besprochenen Gründen sind die *Äquivalenzpunkte* der titrierten schwachen Säuren in allen Fällen *in den alkalischen Bereich verschoben.*

Diese *Verschiebung ist umso größer und der pH-Sprung umso kleiner, je schwächer die vorgelegte Säure* ist.

In diesem Zusammenhang sei daran erinnert, dass relativ schwache Säuren verhältnismäßig große pK_S-Werte besitzen.

2.8.4 Titration einer schwachen Base mit einer starken Säure

Entsprechend der Versuchsbeschreibung in Kap. 2.8.2 (S. 89) wird die Titration einer Ammoniak-Lösung mit $c(NH_3) \approx 0{,}1\ \frac{mol}{l}$ als Probelösung mit einer Salzsäure der Stoffmengenkonzentration $c(HCl) = 1\ \frac{mol}{l}$ durchgeführt.

ml zugesetzte HCl	pH-Wert	ml zugesetzte HCl	pH-Wert
0	11,1	4,9	4,7
0,5	10,1	5	2,4
1	9,95	5,5	1,8
2	9,4	6	1,45
2,7	9,1	6,5	1,25
3,2	9,0	7,1	1
3,6	8,8	7,7	0,95
4	8,2	8	0,9
4,6	6,9	9	0,9
		10	0,9

Tab. 97.1 Messergebnisse bei der Titration von Ammoniak-Lösung mit Salzsäure

Zeichnen Sie unter Verwendung der obigen Tabellenwerte die sich ergebende Titrationskurve!
(Tragen Sie hierzu die gemessenen pH-Werte gegen die Einzelvolumina an zugesetzter HCl-Lösung auf.)
Diskutieren Sie charakteristische Kurvenpunkte bzw. -bereiche!

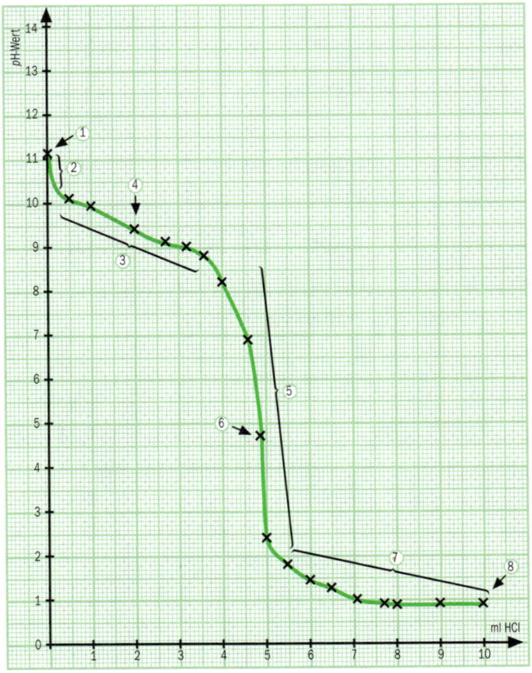

Abb. 97.2 Titrationskurve (Lösung der Aufgabe)

Interpretation des Kuvenverlaufs:

1. Anfangs-*p*H

Ammoniak ist eine *schwache* Base ($pK_B = 4{,}75$, vgl. *p*K-Einteilung auf S. 78).

In Abhängigkeit von ihrer Ausgangskonzentration ergibt sich theoretisch nach der Gleichung zur Berechnung des *p*H-Wertes schwacher Basen (vgl. S. 84) folgender *p*H-Wert *vor* Zugabe der Salzsäure:

$$pH = 14 - \frac{1}{2}\,[pK_B - \lg c_0(B)] = 14 - \frac{1}{2}\,(4{,}75 - \lg 10^{-1}) = 14 - \frac{1}{2}\,(4{,}75 + 1) \approx 11{,}13$$

2. Durch Zugabe von H^+-Ionen *sinkt der pH-Wert der Lösung zunächst kurzzeitig relativ schnell ab.* Dies ist darauf zurückzuführen, dass die wenigen OH^--Ionen, die durch die geringfügige Reaktion des Ammoniaks mit Wasser entstehen [vgl. Reaktionsgleichung unter dem folgenden Punkt (3)], bereits durch die in den ersten Tropfen an zugesetzter starker Säure enthaltenen H^+-Ionen neutralisiert werden.

3. Dieser Bereich ist durch eine *verhältnismäßig geringe pH-Änderung* gekennzeichnet. Die zugegebenen H^+-Ionen verschieben das Gleichgewicht

$$NH_3 + H_2O \rightleftarrows NH_4^+ + OH^-$$

nach *rechts*. Dadurch erhöht sich die Hydroxidionen-Konzentration in der Lösung. Als Folge davon können verstärkt H^+-Ionen abgefangen werden.

4. Halber Äquivalenzpunkt

Dieser Punkt stellt – mathematisch gesehen – einen *Wendepunkt in der Kurve* dar.

Er entspricht dem pH-Wert, bei dem gerade die *Hälfte der Ammoniak-Moleküle (NH_3) neutralisiert* ist. Demzufolge ist nun die Konzentration an Ammonium-Ionen (NH_4^+) und Ammoniak-Molekülen *gleich.*

Da am halben Äquivalenzpunkt die Beziehung $pH = pK_S$ gilt (vgl. Berechnungsformel auf S. 94 unten; A^- entspricht hier NH_3, HA entspricht hier NH_4^+) und

$pK_S\,(NH_4^+) = 14 - pK_B\,(NH_3) = 14 - 4{,}75 = 9{,}25$ (vgl. S. 78: $pK_S + pK_B = pK_W$, $pK_W = 14$),
gilt am halben Äquivalenzpunkt in diesem Falle die Beziehung

$$pH = 9{,}25.$$

5. *p*H-Sprung

Sind annähernd 5 ml Salzsäure zugegeben – die Stoffmengenkonzentration der verwendeten Salzsäure ist *10-mal* so groß wie die der Ammoniak-Lösung! – setzt eine *schnelle und starke Änderung des pH-Wertes* der Mischlösung ein.

6. Äquivalenzpunkt

Genau *in der Mitte des pH-Sprungs,* d. h. im *zweiten Wendepunkt der Kurve,* liegt der Äquivalenzpunkt. Hier sind *alle Basen-Moleküle neutralisiert.*
Der *Äquivalenzpunkt entspricht* jedoch hier *nicht dem Neutralpunkt,* sondern der *Äquivalenzpunkt ist in den sauren Bereich verschoben.* Dies lässt sich wie folgt erklären:
Bei der Reaktion der *Base* NH_3 mit der *Säure* HCl entsteht das *Salz* NH_4Cl (Ammoniumchlorid), genauer gesagt: eine Ammoniumchlorid-Lösung.
Ammonium-Ionen reagieren gegenüber Wasser-Molekülen als *Säure:*

NH_4^+	+	H_2O	$\rightleftarrows$	NH_3	+	$\mathbf{H_3O^+}$
Ammonium-Ionen		Wasser-Moleküle		Ammoniak-Moleküle		**Oxonium-Ionen**

Die gebildeten Oxonium-Ionen sind für die *saure* Reaktion der Lösung verantwortlich.
In diesem Fall liegt der Äquivalenzpunkt – wie gesagt – bei $pH \approx 4{,}75$.

7. *Nach dem pH-Sprung sinkt das pH* mit zunehmender H_3O^+-Konzentration nur noch *langsam ab.*

8. End-*p*H

Auch diese Titrationskurve strebt gegen einen *Grenzwert,* der sich aus der Stoffmengenkonzentration der eingesetzten Säure ergibt.
Es sei daran erinnert, dass alle OH^--Ionen bereits neutralisiert sind und daher keinen Einfluss auf den *p*H-Wert der Lösung mehr haben.

2.8.5 Titration mehrprotoniger Säuren

Wie wir an früherer Stelle bereits festgestellt hatten, können unter Berücksichtigung von *p*H- und pK_S-Wert Aussagen darüber gemacht werden, ob in einem gegebenen *p*H-Bereich vorwiegend eine Säure oder ihre korrespondierende Base beständig ist (vgl. hierzu S. 79).
Mehrprotonige Säuren dissoziieren bei Zugabe von Hydroxid-Ionen stufenweise.
Nehmen wir als Beispiel die Phosphorsäure H_3PO_4.
Bei dieser dreiprotonigen (dreiwertigen) Säure können die drei im Folgenden formulierten Dissoziationsvorgänge unterschieden werden:

$$H_3PO_4 \xrightarrow{+\,OH^-,\ -\,H_2O} H_2PO_4^- \xrightarrow{+\,OH^-,\ -\,H_2O} HPO_4^{2-} \xrightarrow{+\,OH^-,\ -\,H_2O} PO_4^{3-}$$

Aus den entsprechenden Säureexponenten $pK_{S_1} = 1{,}96$, $pK_{S_2} = 7{,}12$ und $pK_{S_3} = 13{,}32$

(vgl. auf S. 80) kann geschlossen werden, dass das Phosphorsäure-Molekül eine mittelstarke, das Dihydrogenphosphat-Ion eine schwache und das Hydrogenphosphat-Ion eine sehr schwache Säure ist (vgl. *pK*-Übersicht auf S. 78).

Bei der Titration der Phosphorsäure dissoziieren die drei genannten Säuren selbstverständlich auch stufenweise, die stärkste Säure (H_3PO_4) zuerst, die schwächste Säure (HPO_4^{2-}) zuletzt. Die zu erwartende Titrationskurve entspricht sozusagen einer „Kombination" dreier Kurven. Sie hat drei Äquivalenzpunkte, die einzeln titrimetrisch erfasst werden können[24].

Eine Phosphorsäure mit $c(H_3PO_4) \approx 0{,}1\ \frac{mol}{l}$ wird mit Natronlauge titriert.
Die Konzentration der Maßlösung beträgt $c(NaOH) = 0{,}1\ \frac{mol}{l}$.

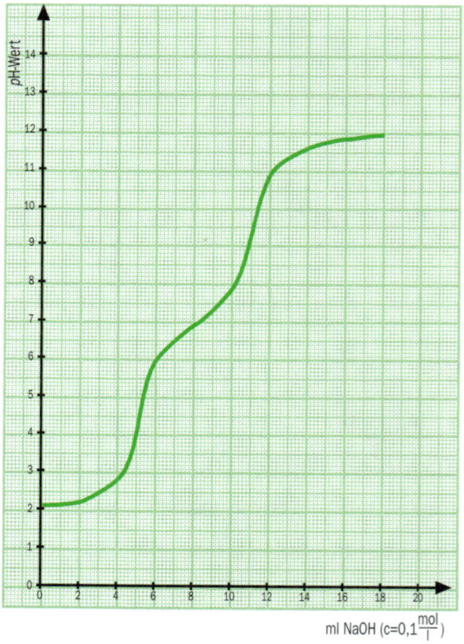

Abb. 100.1 Titrationskurve für die Titration einer dreiprotonigen Säure

Die in der Kurve (Abb. 100.1) erkennbare charakteristische Änderung des *p*H-Wertes lässt sich recht gut *potenziometrisch* verfolgen (vgl. hierzu S. 87).

Will man die *p*H-Sprünge mit Hilfe von Indikatioren (also kolorimetrisch) anzeigen, so sind hierzu nur solche Indikatoren geeignet, deren Umschlagsintervalle innerhalb der entsprechenden *p*H-Sprünge liegen (vgl. S. 85 f.)

[24] Die einzelnen Äquivalenzpunkte mehrprotoniger Säuren können durch Titration nur unter der Voraussetzung nachgewiesen werden, dass sich die pK_S-Werte der entsprechenden Säuren um mehr als fünf Einheiten voneinander unterscheiden. Bei Phosphorsäure lassen sich nur die beiden ersten Äquivalenzpunkte gut nachweisen.

Im gewählten Beispiel könnte man Methylorange und Thymolphthalein verwenden. Vergleichen Sie zur Kontrolle die Lage der *p*H-Sprünge in der oben gezeigten Titrationskurve mit den Umschlagsbereichen der eben genannten Indikatoren laut Tab. 86.1.

1. 40 ml einer Salzsäure mit pH = 1,4 werden mit 25 ml einer Natronlauge, $c_0(NaOH) = 2 \cdot 10^{-2}\ mol \cdot l^{-1}$, versetzt.
Welchen *p*H-Wert hat die entstehende Mischlösung?

2. Zur Neutralisation von 20 ml einer bestimmten Natronlauge sind 15,3 ml einer Salzsäure der Stoffmengenkonzentration $c(HCl) = 0{,}1\ mol \cdot l^{-1}$ erforderlich.

a) Berechnen Sie die Stoffmengenkonzentration der verwendeten Natronlauge!

b) Welche Massenkonzentration hat diese Natronlauge?
[$M(NaOH) = 40\ g \cdot mol^{-1}$]

Wiederholen Sie die Definitionen bzw. Definitionsgleichungen folgender Größen:
Mol, molare Masse, Stoffmengenkonzentration und Massenkonzentration!

2.9 Salzprotolysen

Für ein Experiment werden verschiedene Salz-Lösungen hergestellt.
Anschließend prüft man mit Hilfe des Indikators *Bromthymolblau*, ob die einzelnen Lösungen neutral, alkalisch oder sauer reagieren (vgl. Tab. 101.1).

Salz	Farbe des Indikators	Reaktion der Lösung	Reaktionsgleichung
NaCl	grün	neutral	———
K_2SO_4	grün	neutral	———
Na_2CO_3	blau	alkalisch	
$NaHCO_3$	blau	alkalisch	
CH_3COONa	blau	alkalisch	
NH_4Cl	gelb	sauer	
CH_3COONH_4	grün	neutral	

Tab. 101.1 Reaktionen von Salz-Lösungen

1. Tragen Sie in die Tab. 101.1 die entsprechenden Protolysegleichungen ein!

2. Lernen Sie die Tabelle auswendig!

Wir wollen im Folgenden exemplarisch einige Salzreaktionen in wässriger Lösung diskutieren.

Die *neutrale Reaktion von NaCl* lässt sich dadurch erklären, dass hydratisierte Natrium-Ionen $[Na(H_2O)_X]^+$ als äußerst schwache BRÖNSTED-Säure wirken und deshalb an Wasser-Moleküle praktisch keine Protonen abgeben können.

Cl^--Ionen fungieren als extrem schwache Base und können demzufolge dem Wasser keine Protonen entziehen.

Auch *Ammoniumacetat (Ammoniumethanoat) wirkt neutral.* Das Ammonium-Ion (NH_4^+) ist eine schwache Säure ($pK_S = ?$), das Acetat-Ion fungiert als schwache Base ($pK_B = ?$). Da hier die Stärke der Säure gleich der Stärke der Base ist, kompensieren sich beide Wirkungen, woraus eine neutrale Reaktion der Lösung resuliert.

Die *alkalische Reaktion von Natriumcarbonat* ergibt sich aus der Tatsache, dass $[Na(H_2O)_X]^+$ als extrem schwache BRÖNSTED-Säure wirkt (vgl. oben), während sich das CO_3^{2-}-Ion als mittelstarke Base verhält. Aus diesen Gründen überwiegt in der wässrigen Lösung die alkalische Reaktion.

Die *Ammoniumchlorid-Lösung reagiert sauer,* da NH_4^+-Ionen als schwache Säure, Cl^--Ionen als äußerst schwache Base fungieren. Somit überwiegt die saure Reaktion.

Wir fassen zusammen:

Salzprotolysen[25] sind Reaktionen der Ionen eines Salzes mit Wasser-Molekülen, in deren Verlauf entweder H_3O^+-Ionen oder OH^--Ionen gebildet werden.

2.10 Berechnung einer Titrationskurve

Titrationskurven können nicht nur experimentell, sondern auch rechnerisch ermittelt werden. Wir wollen uns dies gleich anhand eines etwas schwierigeren Beispiels klarmachen.

100 ml einer Essigsäure-Lösung (hier allgemein mit HA abgekürzt) mit der Ausgangskonzentration $c_0(HA) = 0{,}1 \text{ mol} \cdot l^{-1}$ werden mit einer Natronlauge mit $c(NaOH) = 10 \text{ mol} \cdot l^{-1}$ titriert.

[25] Früher bezeichnete man derartige Reaktionen von Salzen mit Wasser als „Hydrolysen". Der Korrektheit halber sollte dieser Begriff heute nur noch auf Reaktionen angewandt werden, bei denen Atombindungen durch Wasser-Moleküle gespalten werden, z. B. $SnCl_4 + 4\ H_2O \rightarrow Sn(OH)_4 + 4\ HCl$

Berechnung charakteristischer Kurvenpunkte mit Formelableitungen:

a) Anfangs-pH

1. $HA + H_2O \rightleftarrows H_3O^+ + A^-$

2. $K_S = \frac{c(H_3O^+) \cdot c(A^-)}{c(HA)} = 1{,}76 \cdot 10^{-5}\ \text{mol} \cdot \text{l}^{-1}$ | Näherungen: $c(A^-) \approx c(H_3O^+)$ und $c(HA) \approx c_0(HA)$ (vgl. S. 83 oben)

$$\rightarrow K_S = \frac{c^2(H_3O^+)}{c_0(HA)}$$

$$\rightarrow c^2(H_3O^+) = K_S \cdot c_0(HA)$$

$$c(H_3O^+) = \sqrt{K_S \cdot c_0(HA)} = \sqrt{1{,}76 \cdot 10^{-5} \cdot 10^{-1}\ mol^2 \cdot l^{-2}}$$

$$c(H_3O^+) = 1{,}33 \cdot 10^{-3}\ \text{mol} \cdot \text{l}^{-1}$$

$$\rightarrow pH = 2{,}88$$

b) 10 % Neutralisation

Die Stoffmengenkonzentrationen an undissoziierter Säure (HA) bzw. an Säurerest-Ionen (A^-) betragen bei 10%iger Neutralisation

$c(HA) = (0{,}1 - 0{,}01)\ \text{mol} \cdot \text{l}^{-1} = 0{,}09\ \text{mol} \cdot \text{l}^{-1}$ *bzw.* $c(A^-) = 0{,}01\ \text{mol} \cdot \text{l}^{-1}$

Durch Einsetzen dieser Werte in **2.** erhält man:

$$\frac{c(H_3O^+)\ \text{mol} \cdot \text{l}^{-1} \cdot 0{,}01\ \text{mol} \cdot \text{l}^{-1}}{0{,}09\ \text{mol} \cdot \text{l}^{-1}} = 1{,}76 \cdot 10^{-5}\ \text{mol} \cdot \text{l}^{-1}$$

$\rightarrow c(H_3O^+) = 9 \cdot 1{,}76 \cdot 10^{-5}\ \text{mol} \cdot \text{l}^{-1} = 1{,}58 \cdot 10^{-4}\ \text{mol} \cdot \text{l}^{-1}$

und $pH = 3{,}80$

Durch Einsetzen entsprechender anderer Wertepaare für c(HA) und $c(A^-)$ können weitere Punkte der Titrationskurve (Neutralisationskurve) berechnet werden.

c) 100 % Neutralisation

Bei 100%iger Neutralisation liegt eine Natriummethanoat-Lösung mit einer Konzentration von $c(CH_3COONa) = 0{,}1\ \text{mol} \cdot \text{l}^{-1}$ vor, die durch Salzprotolyse alkalisch reagiert:

3. $A^- + H_2O \rightleftarrows HA + OH^-$

Im Protolysengleichgewicht des Salzes einer schwachen Säure mit einer starken Base muss die aus dem Ionenprodukt des Wassers (vgl. S. 73 f.) folgende Oxonium-Ionenkonzentration gleich der H_3O^+-Ionenkonzentration aus dem Gleichgewicht der schwachen Säure (vgl. **2.**) sein:

4. $c(H_3O^+) = \frac{K_W}{c(OH^-)}$ = $c(H_3O^+) = \frac{K_S \cdot c(HA)}{c(A^-)}$ **5.**

Aus **4.** und **5.** folgt:

$\frac{K_W}{c(OH^-)} = \frac{K_S \cdot c(HA)}{c(A^-)}$ bzw. **6.** $c(OH^-) = \frac{K_W \cdot c(A^-)}{K_S \cdot c(HA)}$

Da $c(OH^-) = c(HA)$ [vgl. **3.**] und unter der vereinfachenden Annahme, dass die Menge der zur Säure HA umgesetzten Säurerest-Ionen A^- relativ klein ist, also $c(A^-) \approx c_0\,(Salz)$ gilt, kann wie folgt weiter umgeformt werden:

Aus **6.** → $c(OH^-) \cdot c(HA) = \frac{K_W \cdot c_0\,(Salz)}{K_S}$

→ $c^2(OH^-) = \frac{K_W \cdot c_0\,(Salz)}{K_S}$

→ **7.**: $c(OH^-) = \sqrt{\frac{K_W \cdot c_0\,(Salz)}{K_S}}$

Aus der Hydroxid-Ionen-Konzentration kann der *p*H-Wert leicht errechnet werden (vgl. S. 80 ff.).

Für unser gewähltes Beispiel ergibt sich nach **7.**:

$$c(OH^-) = \sqrt{\frac{10^{-14}\,mol^2 \cdot l^{-2} \cdot 0{,}1\,mol \cdot l^{-1}}{1{,}76 \cdot 10^{-5}\,mol \cdot l^{-1}}} = 7{,}54 \cdot 10^{-6}\,mol \cdot l^{-1}$$

→ $pOH = -lg\,c(OH^-) = -lg\,(7{,}54 \cdot 10^{-6}) = 5{,}12$

→ $pH = 14 - pOH = 14 - 5{,}12 = 8{,}88$

Dieser *p*H-Wert enspricht dem Äquivalenzpunkt.

Leiten Sie in entsprechender Weise die Wasserstoff-Ionen-Konzentration für die Protolyse der Salze schwacher Basen mit starken Säuren her!

2.11 Pufferlösungen

2.11.1 Wirkungsweise und Beispiele

Die Titrationskurve für die Titration von Essigsäure mit Natronlauge zeigt im *Bereich 3* (vgl. S. 94 und entsprechende Titrationskurve) eine verhältnismäßig geringe *p*H-Änderung trotz Zugabe eines relativ großen Volumens an Natronlauge.
Wie bereits gesagt, lässt sich dieser Sachverhalt durch das Abfangen der Hydroxid-Ionen infolge verstärkter Dissoziation der Essigsäure-Moleküle aufgrund der Gleichgewichtsverschiebung erklären.
Allgemein ausgedrückt: Die wässrige Lösung einer schwachen Säure enthält eine bestimmte Konzentration an abdissoziierten, also „freien" Wasserstoff-Ionen ***(aktuelle Wasserstoff-Ionen-Konzentration)***, aber auch undissoziierte Säure-Moleküle, die potenzielle Lieferanten für Wasserstoff-Ionen darstellen.
Die aktuelle H^+-Ionenkonzentration kann mit Hilfe von Indikatoren oder mit einem *p*H-Meter bestimmt werden (vgl. S. 84 ff.).
Die ***potenzielle Wasserstoff-Ionen-Konzentration*** lässt sich durch Titration ermitteln, weil die undissozziierten Säure-Moleküle durch Zugabe von Hydroxid-Ionen zur Protolyse veranlasst werden können. Ähnliche Überlegungen lassen sich natürlich auch anstellen für die Dissoziation einer schwachen Base in einer wässrigen Lösung bzw. bei Zugabe einer starken Säure (vgl. S. 97 ff.).
Schwache Säuren bzw. schwache Basen können demzufolge Hydroxid-Ionen bzw. Oxonium-Ionen in gewissen Grenzen *abfangen*.
Diese Tatsache ist dann von großer Bedeutung, wenn der *p*H-Wert einer Lösung aus bestimmten Gründen relativ *konstant* gehalten werden muss.
Betrachten wir im Folgenden nochmals die Beeinflussung des oben angesprochenen Dissoziationsgleichgewichts der Essigsäure-Moleküle durch Zugabe von Hydroxid-Ionen bzw. Oxonium-Ionen:

$$CH_3COOH + H_2O \underset{+\,H_3O^+}{\overset{+\,OH^-}{\rightleftharpoons}} CH_3COO^- + H_3O^+$$

Bei *Zugabe von OH^--Ionen* verschiebt sich das Gleichgewicht - dem PkZ folgend - nach *rechts*, bei *Zugabe von H_3O^+-Ionen* verschiebt es sich nach *links*.
Anders ausgedrückt heißt dies: Im ersten Fall werden vermehrt *Acetat-Ionen* gebildet, im zweiten Fall reagiert das Gleichgewichtssystem mit einer verstärkten Bildung *undissoziierter Essigsäure-Moleküle* (vgl. Reaktionsgleichung oben).
Eine unbeeinflusste Essigsäure-Lösung enthält im Wesentlichen undissoziierte Essigsäure-Moleküle und nur wenige Acetat-Ionen. Daher ist das Abfangvermögen einer solchen Lösung für OH^--Ionen recht groß, für H^+-Ionen aber nur gering. Gibt man je-

doch zusätzlich Acetat-Ionen zu den Essigsäure-Molekülen, so erfolgt nach dem PkZ eine Gleichgewichtsverschiebung nach *links*.

In zwei Reagenzgläser gibt man jeweils einige Milliliter Essigsäure mit $c(CH_3COOH) = 0{,}1\,\frac{mol}{l}$ und etwa 2 bis 3 Tropfen Methylorange.
Der Indikator verfärbt sich rot. Der Inhalt in Reagenzglas 1 dient als Vergleichslösung. Im Reagenzglas 2 fügt man zur vorbereiteten Lösung etwa 3 Spatelspitzen Natriumacetat hinzu. Der Indikator zeigt einen Farbumschlag nach Gelb.

Erklärung:
Durch die oben schon erwähnte Gleichgewichtsverschiebung nach links bei Zugabe von Acetat-Ionen erhöht sich der *p*H-Wert der Lösung, da nun weniger Oxonium-Ionen in der Lösung vorhanden sind.
Halten wir also noch einmal fest:
Die Zugabe von Acetat-Ionen hat zur Folge, dass
a) die Konzentration an undissoziierten Essigsäure-Molekülen erhöht und dadurch die abfangende, mit Fachbegriff: abpuffernde Wirkung der Lösung gegenüber OH^--Ionen verbessert wird,
b) die Konzentration an CH_3COO^--Ionen erhöht und somit die abpuffernde Wirkung der Lösung gegenüber H^+-Ionen verbessert wird.

Wässrige Lösungen, deren pH-Wert sich bei Zusatz nicht allzu großer Mengen an Säuren oder Basen oder bei Verdünnung nur unwesentlich ändert, nennt man Puffer.

Puffer-Lösungen enthalten entweder *Protonendonatoren und Protonenakzeptoren im Gemisch* (vgl. hierzu auch S. 69) oder Teilchen, die sowohl H^+-Ionen abgeben als auch aufnehmen können, also amphotere Teilchen (vgl. S. 71).

Stoffgemische als Puffer:

- schwache Säure + korrespondierende Base
  z.B. CH_3COOH / CH_3COO^-
  (Essigsäure-Moleküle/Acetat-Ionen)

- schwache Base + korrespondierende Säure
  z.B. NH_3 / NH_4^+
  (Ammoniak-Moleküle/Ammonium-Ionen)

- mittelstarke Säure + korrespondierende Base
  z. B. H_2CO_3 / HCO_3^-
  (Kohlensäure-Moleküle/Hydrogencarbonat-Ionen)

Ampholyte bzw. amphotere Teilchen:

- Hydrogensalze mittelstarker Säuren
  z. B. $H_2PO_4^-$ / HPO_4^{2-}
  (Dihydrogenphosphat-Ionen / Hydrogenphosphat-Ionen)

- Teilchen mit schwach sauer und schwach basischen Gruppen
  z. B. Aminosäure-Moleküle

Geben Sie die allgemeine Strukturformel eines Aminosäure-Moleküls an und kennzeichnen Sie in der Formel die (sauer reagierende) Carboxy-Gruppe und die (basisch reagierende) Hydroxy-Gruppe!

Am Beispiel des sog. *Essigsäure/Acetat-Puffers* wollen wir nun zur Übung einige quantitative Betrachtungen anstellen.
Ausgehend von der *Dissoziationsgleichung für Essigsäure* (vgl. S. 105) erhält man durch Anwendung des Massenwirkungsgesetzes folgende Zusammenhänge:

$$K_S = \frac{c(CH_3COO^-) \cdot c(H_3O^+)}{c(CH_3COOH)}$$

$$c(H_3O^+) = K_S \cdot \frac{c(CH_3COOH)}{c(CH_3COO^-)}$$

$$-\lg c(H_3O^+) = -\lg K_S - \lg \frac{c(CH_3COOH)}{c(CH_3COO^-)}$$

$$pH = pK_S - \lg \frac{c(CH_3COOH)}{c(CH_3COO^-)}$$

$$pH = pK_S + \lg \frac{c(CH_3COO^-)}{c(CH_3COOH)} \qquad \textbf{1.}$$

Durch die Anwesenheit des vollständig dissoziierten Salzes wird die Protolyse der Säure stark *zurückgedrängt*. Diese liegt daher praktisch in *undissoziierter Form* vor [vgl. im Folgenden Näherung **2.**].

Wegen der schon erwähnten vollständigen Dissoziation des Acetats kann Näherung **3.** zur weiteren Ableitung vorgegeben werden.

Näherungen: **2.** $c(CH_3COOH) \approx c_0(CH_3COOH)$
3. $c(CH_3COO^-) \approx c_0(CH_3COO^-)$

Aus **1.**, **2.** und **3.** folgt: $pH = pK_S + \lg \frac{c_0(CH_3COO^-)}{c_0(CH_3COOH)}$

Allgemein gilt dann: **4.** $pH = pK_S + \lg \frac{c_0(\text{korrespond. Base})}{c_0(\text{korrespond. Säure})}$,

was gleichbedeutend ist mit $pH = pK_S + \lg c_0(\textit{korrespond. Base}) - \lg c_0(\textit{korrespond. Säure})$.

Werden Essigsäure und Acetat in gleichen Stoffmengenkonzentrationen (man sagt auch: in einem ***äquimolaren Gemisch***) zusammengegeben, so ergibt sich laut **4.**:
$pH = pK_S$, also für Essigsäure $pH = 4{,}75$ (vgl. hierzu auch S. 94 unten).

Berechnen Sie den pH-Wert eines Puffergemisches (1 Liter) mit $c(CH_3COOH) = 0{,}1\ mol \cdot l^{-1}$ und $c(CH_3COO^-) = 0{,}1\ mol \cdot l^{-1}$ (äquimolares Essigsäure-Acetat-Gemisch) nach Zugabe von

a) 1 Liter Salzsäure mit $c(HCl) = 0{,}01\ mol \cdot l^{-1}$
b) 1 Liter Natronlauge mit $c(NaOH) = 0{,}01\ mol \cdot l^{-1}$
[pK_S $(CH_3COOH) = 4{,}75$]!

Der Essigsäure-Acetat-Puffer ist ein sog. ***saurer Puffer***, weil er seine optimale Pufferwirkung bei pH $= 4{,}75$, also im sauren Bereich, zeigt.

Ein Beispiel für einen ***alkalischen Puffer*** ist die Mischung aus Ammoniak und Ammoniumchlorid.
Die *pH-Werte* alkalischer Puffer können bei vorgegebenen Basenexponenten (vgl. S. 78) über die Beziehung $pK_S = 14 - pK_B$ (vgl. S. 78) errechnet werden. Die Herleitung für die Berechnung erfolgt analog wie oben für saure Puffer beschrieben.

Die Titrationskurve für die Titration von Essigsäure mit Natronlauge zeigt im Bereich $pH = 4$ bis $pH = 6$ einen relativ flachen Anstieg (vgl. S. 93), was auf die Wirkung des Essigsäure-Acetat-Puffers zurückzuführen ist.

Wie schon an früherer Stelle erwähnt, wird der Verlauf der pH-Kurven bis zum Äquivalenzpunkt bei der Titration schwacher Säuren bzw. schwacher Basen mit sehr starken Basen bzw. sehr starken Säuren durch den Punkt $pH = pK_S$ bestimmt. Man nennt diesen *Punkt minimaler Kurvensteigung*, also *mit maximaler Pufferwirkung*, den ***Pufferschwerpunkt***. Dieser entspricht dem *halben Äquivalenzpunkt*.

Nach Gleichung **4.** der Ableitung auf S. 108 ist der pH-Wert eines Puffersystems – das ***Pufferniveau*** – abhängig von den Konzentrationen des korrespondierenden Säure- Base-Paares. Dieses Pufferniveau kann durch Auswahl *bestimmter* Konzentrationen ***eingestellt*** werden. Derart eingestellte Lösungen werden u. a. zur ***Eichung*** eines pH-Meters verwendet.

$c(NaH_2PO_4)$: $c(Na_2HPO_4)$	*p*H-Wert
16 : 1	5,9
4 : 1	6,5
1 : 1	7,12
1 : 4	7,7
1 : 16	8,3

Tab. 109.1 Verschieden eingestellte Dihydrogenphosphat-Hydrogenphosphat-Puffer

Bemerkenswert ist, dass die Beziehung $pH = pK_S$ für Pufferlösungen mit äquimolaren Ausgangskonzentrationen an Säure und korrespondierender Base in recht guter Näherung über einen relativ weiten Konzentrationsbereich gilt.

Dies ist z. B. für Lebewesen von besonders großer Bedeutung (vgl. das folgende Kap. 2.11.2).

2.11.2 Bedeutung

Neben der vielfältigen Verwendung von Pufferlösungen für chemische Zwecke spielen Puffer eine sehr wichtige Rolle bei vielen biochemischen Vorgängen.

- *Puffer des menschlichen Blutes (H_2CO_3 / $NaHCO_3$, NaH_2PO_4 / Na_2HPO_4, Hämoglobin als Eiweißpuffer)*
- *Puffer in Gewebeflüssigkeiten*
- *Kulturmedien in der Bakteriologie werden meist gepuffert, um ein optimales Bakterienwachstum zu gewährleisten.*
- *Im Erdboden befinden sich Puffersubstanzen, die eine Versauerung des Bodens infolge Säureausscheidung durch Pflanzenwurzeln verhindern.*

3 Das Löslichkeitsprodukt

Alle Salze sind in einem gewissen Ausmaß in Wasser löslich.
Gibt man ein Salz *AB* in festem Zustand *AB(s)* in Wasser, so *dissoziiert* das Salz *in* seine *Ionen*. Diese werden schließlich *hydratisiert*[26]:

$$AB(s)^{27} \rightleftarrows A^+(aq) + B^-(aq)$$

Beim Lösevorgang stellt sich ein *Gleichgewicht* ein:
Einerseits treten Ionen aus dem Gitter ständig in die Lösung über, andererseits werden Ionen aus der Lösung vom festen Salz wieder „eingefangen" und ins Gitter eingebaut.
Bei *leichtlöslichen* Salzen liegt das Gleichgewicht auf der *rechten* Seite, bei *schwerlöslichen* Salzen auf der *linken* Seite der obigen Dissoziationsgleichung.
Da sich ein Gleichgewicht zwischen einem Stoff im festen und im gelösten Zustand einstellt, sprechen wir in diesem Falle von einem ***heterogenen Gleichgewicht***. Für dieses Gleichgewicht kann das Massenwirkungsgesetz wie folgt aufgestellt werden:

$$\frac{c(A^+) \cdot c(B^-)}{c(AB)} = K_C$$

[26] Vgl. S. 61.
[27] „s" bedeutet: im festen Zustand (von *solidus* (lat.) = fest); vgl. hierzu auch S. 61, Fußnote 45.

Solange festes Salz als Bodensatz vorhanden ist, kann seine Konzentration als *konstant* angesehen werden. Bezieht man diese Konstante in K_C mit ein, so ergibt sich das sog. ***Löslichkeitsprodukt*** K_L:

$$c(A^+) \cdot c(B^-) = K_L$$

Da sich das Löslichkeitsprodukt ausschließlich auf Lösungen bezieht, kann der Zusatzhinweis „aq" nach den einzelnen Ionenbezeichnungen der Einfachheit halber entfallen.
Bei einem *schwerlöslichen Salz* liegen naturgemäß nur wenige Ionen in der Lösung vor. Die entsprechenden Konzentrationswerte und somit auch ihr Produkt sind klein. Also ergibt sich in diesem Fall ein *kleiner* K_L*-Wert.*
Da die Löslichkeit eines Salzes stark *temperaturabhängig* ist, werden K_L-Werte auf eine definierte Temperaturangabe, nämlich *25 °C*, bezogen.
Wie wir an den folgenden Beispielen erkennen, ist die Einheit des jeweiligen Löslichkeitsprodukts von der *relativen Zusammensetzung* des entsprechenden Salzes abhängig.

a) Salz mit der Zusammensetzung AB (z. B. AgCl):

$$\mathbf{AB\ (s) \rightleftarrows A^+ + B^-}$$

Einheit von $c(A^+)$ bzw. $c(B^-)$: $mol \cdot l^{-1}$ bzw. $mol \cdot l^{-1}$

$$K_L = c(A^+) \cdot c(B^-)$$

Einheit von K_L: $mol \cdot l^{-1} \cdot mol \cdot l^{-1} = mol^2 \cdot l^{-2}$

b) Salz mit der Zusammensetzung AB_2 (z. B. CaF_2):

$$\mathbf{AB_2\ (s) \rightleftarrows A^{2+} + 2B^-}$$

Einheit von $c(A^{2+})$ bzw. $c^2(B^-)$: $mol \cdot l^{-1}$ bzw. $mol^2 \cdot l^{-2}$

$$K_L = c(A^{2+}) \cdot c^2(B^-)$$

Einheit von K_L: $mol \cdot l^{-1} \cdot mol^2 \cdot l^{-2} = mol^3 \cdot l^{-3}$

K_L-Werte in der hier verwendeten Form gelten streng genommen nur für genügend *verdünnte* Lösungen. Bei Lösungen mit einer höheren Stoffmengenkonzentration als $c = 0{,}1\ mol \cdot l^{-1}$ sind die Wechselwirkungen zwischen den Kationen und Anionen schon so stark, dass für genauere Berechnungen die sog. *Aktivitäten* verwendet werden müssten. Aus Gründen der Vereinfachung lassen wir diesen Punkt jedoch außer acht.

Schwerlösliche Stoffe
– leicht lösbare Aufgaben?

Bearbeiten Sie folgende Aufgaben!

1. Berechne die Massenkonzentration von Silberiodid mit $K_L\ (AgI) = 10^{-16}\ mol^2 \cdot l^{-2}$!
   $[M(AgI) = 234{,}8\ g \cdot mol^{-1}]$
2. Welche Massenkonzentration besitzt Silberchlorid in einer Salzsäure mit der Stoffmengenkonzentration $c(HCl) = 0{,}1\ mol \cdot l^{-1}$?
   $[K_L(AgCl) = 10^{-10}\ mol^2 \cdot l^{-2},\ M(AgCl) = 143{,}3\ g \cdot mol^{-1}]$
3. Die Stoffmengenkonzentration von Chlorid-Ionen in Meerwasser beträgt $c(Cl^-) = 9 \cdot 10^{-2}\ mol \cdot l^{-1}$.
   Wie viel Gramm Silber-Ionen können in einem Liter Meerwasser maximal gelöst sein?
   $[K_L(AgCl) = 10^{-10}\ mol^2 \cdot l^{-2},\ M(Ag^+) = 107{,}9\ g \cdot mol^{-1}]$
4. Das Löslichkeitsprodukt von Blei(II)-chlorid ist $K_L(PbCl_2) = 1{,}6 \cdot 10^{-5}\ mol^3 \cdot l^{-3}$.
   Berechne die Massenkonzentration
   a) in Wasser
   b) in einer Kochsalz-Lösung mit $c(NaCl) = 0{,}5\ mol \cdot l^{-1}$!
   $[K_L(PbCl_2) = 1{,}6 \cdot 10^{-5}\ mol^3 \cdot l^{-3},\ M(PbCl_2) = 278{,}2\ g \cdot mol^{-1}]$
5. Berechne die Massenkonzentration von Calciumfluorid!
   $[K_L(CaF_2) = 10^{-10}\ mol^3 \cdot l^{-3},\ M(CaF_2) = 78\ g \cdot mol^{-1}]$
6. Wie groß ist das Löslichkeitsprodukt von Silberthiocyanat?
   $[\beta(AgSCN) = 1{,}66 \cdot 10^{-4}\ g \cdot l^{-1},\ M(AgSCN) = 166\ g \cdot mol^{-1}]$
7. In einem Liter Wasser lösen sich bei 25 °C 13,06 g $KClO_4$.
   Berechne das Löslichkeitsprodukt!
   $[\beta(KClO_4) = 13{,}06\ g \cdot l^{-1},\ M(KClO_4) = 138{,}6\ g \cdot mol^{-1}]$
8. Welchen pH-Wert besitzt eine gesättigte Magnesiumhydroxid-Lösung?
   $[pK_L(Mg(OH)_2) = 11]$

Hinweis: Die jeweilige Dissoziationsgleichung, die Ableitung der Berechnungsformeln sowie die Angabe *aller* Einheiten sind grundsätzlich Bestandteil der Aufgabe!

Viel Erfolg!

Übungsfragen zu Kap. 1, Kap. 2 und Kap. 3

1. Umschreiben Sie folgende Begriffe und geben Sie nach Möglichkeit die entsprechenden Größengleichungen an:
   a) Mol **b)** Nuklid **c)** AVOGADRO-Konstante **d)** molare Masse
   e) Stoffmengenkonzentration **f)** Massenkonzentration!
2. Definieren Sie den Säurebegriff und den Basebegriff nach ARRHENIUS und nach BRÖNSTED! Ordnen Sie passende Beispiele zu!
3. Erklären Sie folgende Fachbegriffe:
   a) Ampholyt **b)** Autoprotolyse **c)** Säure- und Basenexponent
   d) Indikator **e)** Äquivalenzpunkt **f)** Neutralpunkt **g)** Salzprotolyse
   h) Puffer **i)** Löslichkeitsprodukt!
4. Wieso macht der *p*H-Wert keine Aussage über die Stärke einer Säure?
5. Auf welche Weise kann man eine schwache Säure zur vollständigen Dissoziation veranlassen?
6. Auf welcher Seite liegt das Autoprotolyse-Gleichgewicht von Wasser?
7. Wie kann man die aktuelle Oxonium-Ionen-Konzentration einer wässrigen Lösung experimentell bestimmen?
8. Welcher mathematische Zusammenhang besteht zwischen dem *p*H-Wert und dem *p*OH-Wert einerseits und zwischen dem pK_S-Wert und dem pK_B-Wert andererseits?
9. Leiten Sie die Formel zur Berechnung des *p*H-Wertes einer schwachen Säure her!
10. Leiten Sie die Berechnungsformel für das Umschlagsintervall eines Indikators her!
11. Skizzieren Sie die Titrationskurve für die Titration
    a) einer starken Säure mit einer starken Base
    b) einer schwachen Säure mit einer starken Base
    c) einer schwachen Base mit einer starken Säure!
12. Welche Reaktionen (neutral, sauer oder basisch) zeigen die wässrigen Lösungen folgender Salze:
    a) Kaliumbromid **b)** Natriumsulfat **c)** Kaliumcarbonat
    d) Ammoniumchlorid und **e)** Natriumpropanoat?
13. Nennen Sie drei schwerlösliche Salze!
14. Nach welchem einfachen physikalischen Verfahren kann man prüfen, ob in einer zu untersuchenden Lösung viele oder wenige Ionen vorliegen?
15. Nennen Sie einige Beispiele für die Bedeutung für Pufferlösungen!
16. Warum sind K_L-Werte nur bei ausreichend verdünnten Lösungen streng gültig?

AB/CB

Lösungshinweise und Musterlösungen zum Teil „Atombau und chemische Bindung“, S. 1 bis S. 63:

S. 3:

1.

Proton = positiv geladenes Elementarteilchen im Atomkern
Neutron = ungeladenes Elementarteilchen im Atomkern
Elektron = negativ geladenes Elementarteilchen in der Atomhülle
Nukleonen = Oberbegriff, unter dem die Protonen und Neutronen zusammengefasst werden
Elementarteilchen = kleinste Teilchen, aus denen Atome aufgebaut sind
Protonenzahl = Anzahl der Protonen eines Atoms. Da die Protonenzahl die Kernladung bedingt und die Stellung eines Elements im PSE charakterisiert, wird sie auch als Kernladungszahl bzw. Ordnungszahl bezeichnet.
Massenzahl und Nukleonenzahl: Die Massenzahl gibt die Atommasse an. Diese errechnet sich aus der Summe der Protonen- und Neutronenmassen.
Isotope = verschiedene Atomsorten eines Elements. Isotope eines Elements besitzen die gleiche Kernladungszahl, aber unterschiedliche Massenzahlen.
Nuklide = einzeln betrachtete Isotope eines Elements

2.	Li	Na	Cl	S	Li^+	Na^+	Cl^-	S^{2-}
Kernladungszahl	3	11	17	16	3	11	17	16
Schalenzahl	2	3	3	3	1	2	3	3
Gesamtelektronenzahl	3	11	17	16	2	10	18	18
Valenzelektronenzahl	1	1	7	6	2	8	8	8

3.

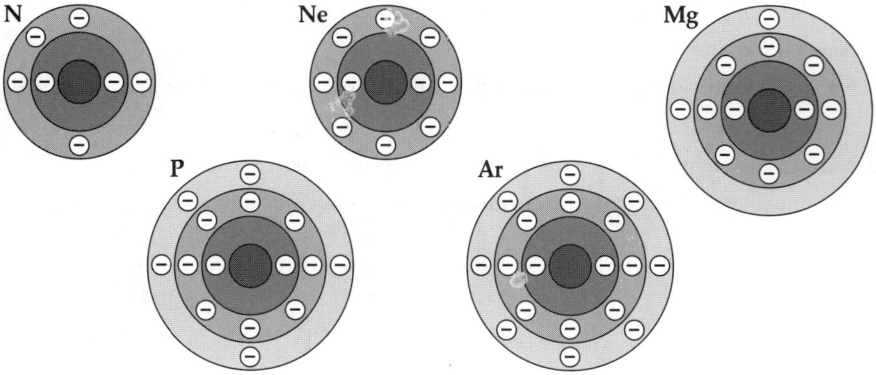

S. 5:

siehe Physikbuch

S. 6:

Element	Flammenfärbung
Lithium	karminrot
Natrium	gelb
Kalium	schwachviolett
Rubidium	dunkelrot
Caesium	blau
Calcium	ziegelrot
Strontium	karminrot
Barium	grün

S. 13:

$n = 4$; $l = 0, 1, 2, 3$; 4s-, 4p-, 4d- und 4f-Schale

S. 14:

- Für die M-Schale gilt: $n = 3$

l-Werte	Unterschalen	*m*-Werte	Zahl der Atomorbitale
0	s	0	1
1	p	+ 1, 0 –1	3
2	d	+ 2, + 1, 0, 1, – 2	5
			Summe: 9

- Die f-Unterschale tritt nicht auf.
- Berechnungsformel: $2\,l + 1$

S. 16:

n	*l*	Unterschale	*m*	*s*	Anzahl der Kombinationen	
4	0	4 s	0	$+\frac{1}{2}, -\frac{1}{2}$	2	32
	1	4 p	+ 1, 0, – 1	$+\frac{1}{2}, -\frac{1}{2}$	6	
	2	4 d	+ 2, + 1, 0, – 1, – 2	$+\frac{1}{2}, -\frac{1}{2}$	10	
	3	4 f	+ 3, + 2, + 1, 0, – 1, – 2, – 3	$+\frac{1}{2}, -\frac{1}{2}$	14	

S. 17

- vier Unterschalen (4s, 4p, 4d, 4f)
- 16 Orbitale (ein 4s-, drei 4p-, fünf 4d- und sieben 4f-Orbitale
- 32 Elektronen

AB/CB **S. 18:**

Ordnungszahl	Elementsymbol	Kästchenschreibweise nach PAULING	Kurzschreibweise
1	**H**	1s [↑] 2s [ ] 2p [ ][ ][ ]	$1s^1$
2	**He**	1s [↑↓] 2s [ ] 2p [ ][ ][ ]	$1s^2$
3	**Li**	1s [↑↓] 2s [↑] 2p [ ][ ][ ]	$1s^2\ 2s^1$
4	**Be**	1s [↑↓] 2s [↑↓] 2p [ ][ ][ ]	$1s^2\ 2s^2$
5	**B**	1s [↑↓] 2s [↑↓] 2p [↑][ ][ ]	$1s^2\ 2s^2\ 2p^1$
6	**C**	1s [↑↓] 2s [↑↓] 2p [↑][↑][ ]	$1s^2\ 2s^2\ 2p^2$
7	**N**	1s [↑↓] 2s [↑↓] 2p [↑][↑][↑]	$1s^2\ 2s^2\ 2p^3$
8	**O**	1s [↑↓] 2s [↑↓] 2p [↑↓][↑][↑]	$1s^2\ 2s^2\ 2p^4$
9	**F**	1s [↑↓] 2s [↑↓] 2p [↑↓][↑↓][↑]	$1s^2\ 2s^2\ 2p^5$
10	**Ne**	1s [↑↓] 2s [↑↓] 2p [↑↓][↑↓][↑↓]	$1s^2\ 2s^2\ 2p^6$

S. 19:

Reihenfolge laut Schachbrettmuster:

$_{26}$Fe: $1s^2\ 2s^2\ 2p^6\ 3s^2\ 3p^6\ 4s^2\ 3d^6$

$_{36}$Kr: $1s^2\ 2s^2\ 2p^6\ 3s^2\ 3p^6\ 4s^2\ 3d^{10}\ 4p^6$

S. 21:

1. siehe S. 7
2. siehe S. 7 f.
3. siehe S. 17
4. siehe S. 12
5. siehe S. 12 f.
6. siehe S. 16
7. siehe S. 18
8. siehe S. 11
9. siehe S. 17
10. siehe S. 20
11. siehe S. 21

12. Hauptquantenzahl: Ausdehnung der Orbitale
Nebenquantenzahl: Form der Orbitale
Magnetquantenzahl: Raumorientierung der Orbitale
Spinquantenzahl: Eigenrotation des Elektrons

S. 23:

a) $_{19}$K: 1s [↑↓] 2s [↑↓] 2p [↑↓][↑↓][↑↓] 3s [↑↓] 3p [↑↓][↑↓][↑↓] 4s [↑] $- 1e^-$

⟶ K^+: 1s [↑↓] 2s [↑↓] 2p [↑↓][↑↓][↑↓] 3s [↑↓] 3p [↑↓][↑↓][↑↓]

„Argon-Konfiguration“

$_{20}$Ca: 1s ⇅ 2s ⇅ 2p ⇅⇅⇅ 3s ⇅ 3p ⇅⇅⇅ 4s ⇅ – $2e^-$
⟶ Ca^{2+}: „Argon-Konfiguration“ (siehe oben)

b) $_{35}$Br: 1s ⇅ 2s ⇅ 2p ⇅⇅⇅ 3s ⇅ 3p ⇅⇅⇅ 4s ⇅ 3d ⇅⇅⇅⇅⇅ 4p ⇅⇅↿ + 1 AB/CB
⟶ Br^-: 1s ⇅ 2s ⇅ 2p ⇅⇅⇅ 3s ⇅ 3p ⇅⇅⇅ 4s ⇅ 3d ⇅⇅⇅⇅⇅ 4p ⇅⇅⇅
„Krypton-Konfiguration“
$_{8}$O: 1s ⇅ 2s ⇅ 2p ⇅ ↑ ↑ + $2e^-$ → O^{2-}: 1s ⇅ 2s ⇅ 2p ⇅⇅⇅
„Neon-Konfiguration“
$_{7}$N: 1s ⇅ 2s ⇅ 2p ↑ ↑ ↑ + $3e^-$ → N^{3-}: „Neon-Konfiguration“ (siehe oben)

S. 31

1. – siehe S. 22
– Beispiele: Atom-Ionen: Na^+, K^+, Cl^-
Molekül-Ionen: SO_4^{2-}, NH_4^+, NO_3^-
Kationen: Na^+, NH_4^+, Ca^{2+}
Anionen: F^-, PO_4^{3-}, SO_3^{2-}

2. a)
$_{3}$Li: 1s ⇅ 2s ↑ – $1e^-$ → Li^+: 1s ⇅
„Helium-Konfiguration“
$_{38}$Sr: 1s ⇅ 2s ⇅ 2p ⇅⇅⇅ 3s ⇅ 3p ⇅⇅⇅ 4s ⇅ 3d ⇅⇅⇅⇅⇅ 4p ⇅⇅⇅ 5s ⇅ – $2e^-$
⟶ Sr^{2+}: 1s ⇅ 2s ⇅ 2p ⇅⇅⇅ 3s ⇅ 3p ⇅⇅⇅ 4s ⇅ 3d ⇅⇅⇅⇅⇅ 4p ⇅⇅⇅
„Krypton-Konfiguration“

b)
$_{9}$F: 1s ⇅ 2s ⇅ 2p ⇅⇅↿ + $1e^-$ → F^-: 1s ⇅ 2s ⇅ 2p ⇅⇅⇅
„Neon-Konfiguration“

$_{8}$O: 1s ⇅ 2s ⇅ 2p ⇅↿↿ + $2e^-$ → O^{2-}: „Neon-Konfiguration“ (siehe oben)

$_{15}$P: 1s ⇅ 2s ⇅ 2p ⇅⇅⇅ 3s ⇅ 3p ↿↿↿ + $3e^-$
⟶ P^{3-}: 1s ⇅ 2s ⇅ 2p ⇅⇅⇅ 3s ⇅ 3p ⇅⇅⇅
„Argon-Konfiguration“

3. siehe S. 23
4. siehe S. 23
5. siehe S. 24f. Hinweis: Na^+ bzw. Cl^- sind durch K^+ bzw. Br^- zu ersetzen!
6. siehe S. 25 und S. 28
7. siehe S. 25
8. siehe S. 26ff.
9. siehe S. 29f.
10. siehe S. 30
11. siehe S. 30
12. siehe S. 31
13. siehe S. 31

S. 33:
siehe Mittelstufenheft und -buch

S. 36:

a) 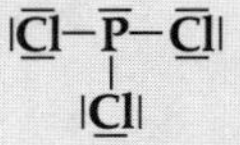

b) 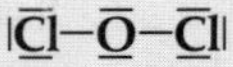

c) 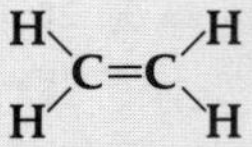

d) 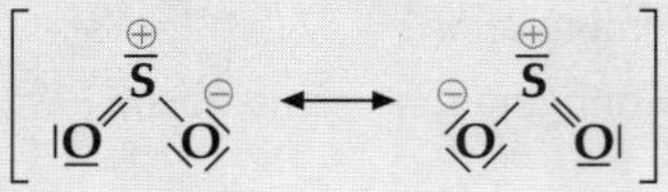

e) 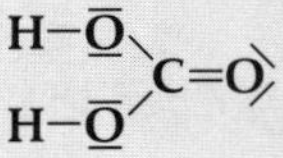

S. 38:

a) 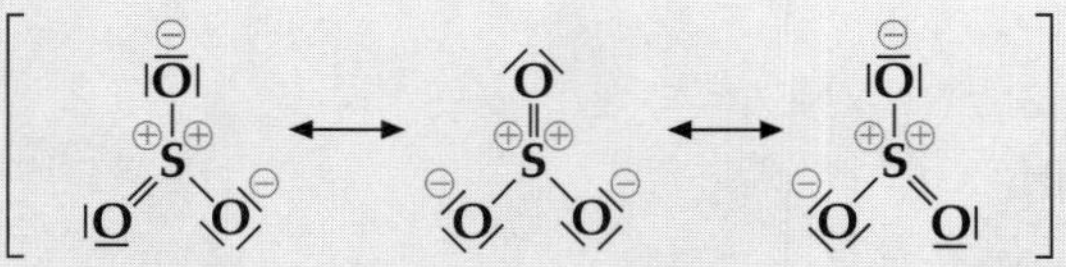

b) 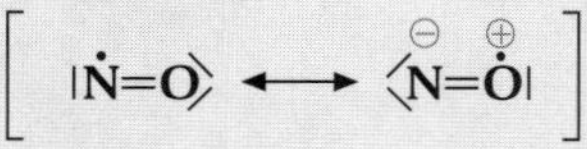

c) 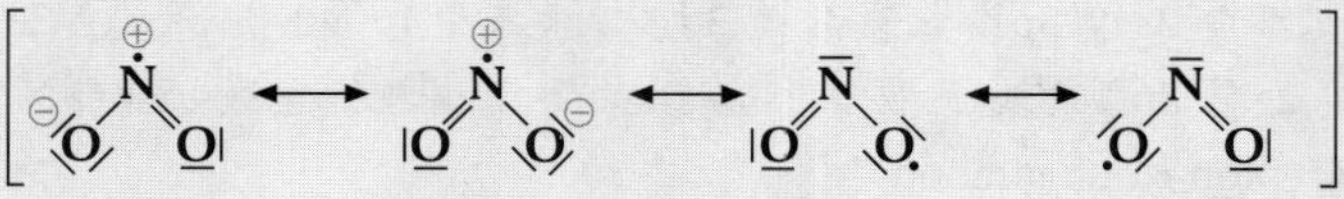

d) 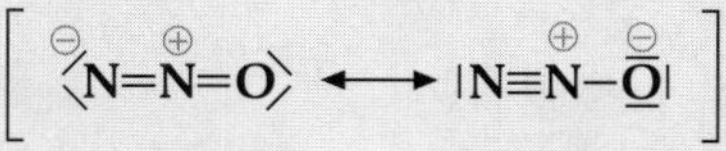

e) 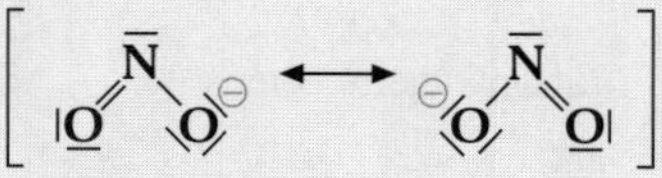

f) 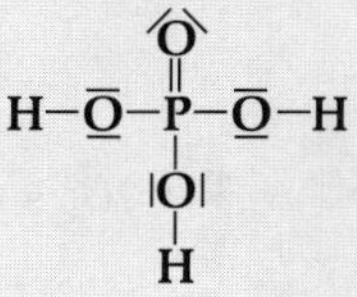

S. 50:

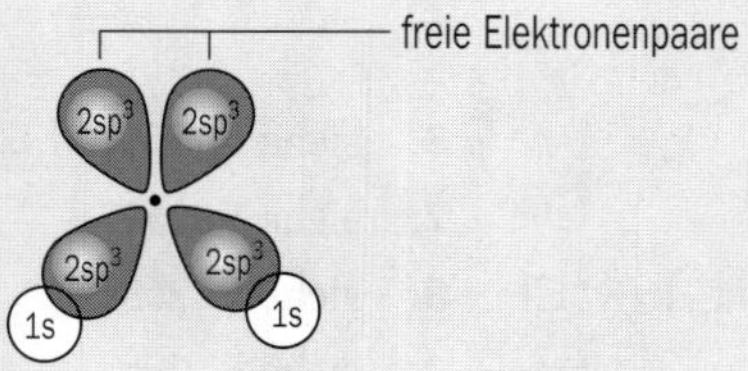

S. 53:

a)

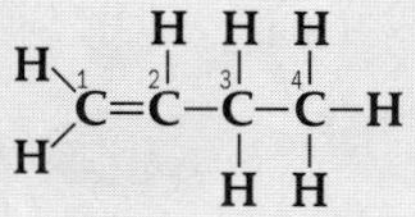

Energiestufendiagramme:

Energie ↑			
2p ↑ ↑ ☐	2p ↑ ↑ ↑	2p ❘	
		$2sp^2$ ❘ ❘ ❘	$2sp^3$ ❘ ❘ ❘ ❘
2s ⇅	2s ↑		
1s ⇅	1s ⇅	1s ⇅	1s ⇅
Grundzustand	angeregter Zustand	hybrid. Zustand (^{1}C und ^{2}C)	hybrid. Zustand (^{3}C und ^{4}C)

Orbitalbild:

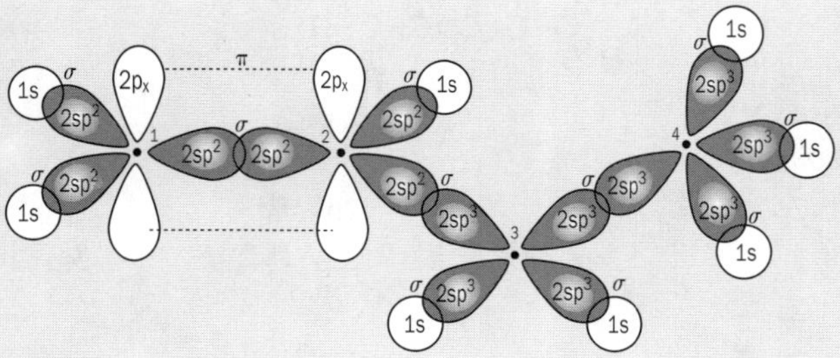

Orbitalgeometrie:

^{1}C und ^{2}C: – jeweils drei trigonal ausgerichtete $2sp^2$-Hybridorbitale
– jeweils ein $2p_x$-Orbital

^{3}C und ^{4}C: – jeweils vier tetraedrisch ausgerichtete $2sp^3$-Hybridorbitale

b)

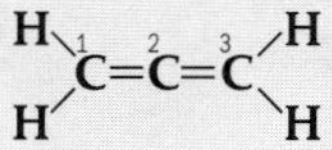

Energiestufendiagramme:

Energie ↑			
2p ↑ ↑ ☐	2p ↑ ↑ ↑	2p ❘	2p ❘ ❘
		$2sp^2$ ❘ ❘ ❘	2sp ❘ ❘
2s ⇅	2s ↑		
1s ⇅	1s ⇅	1s ⇅	1s ⇅
Grundzustand	angeregter Zustand	hybrid. Zustand (^{1}C und ^{3}C)	hybrid. Zustand (^{2}C)

AB/CB Orbitalbild:

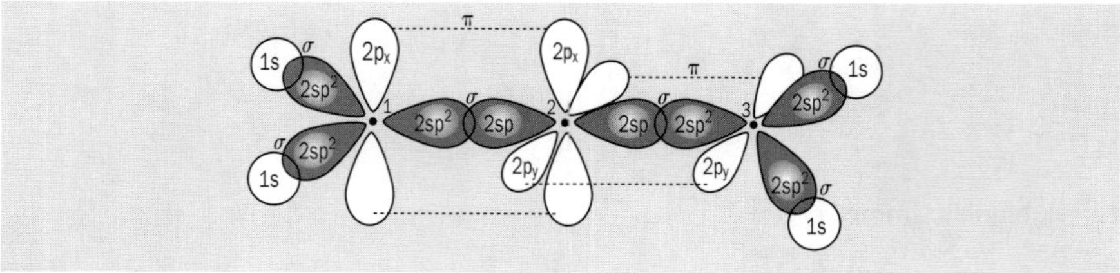

Orbitalgeometrie:

^{1}C: – drei trigonal ausgerichtete $2sp^2$-Hybridorbitale – ein $2p_x$-Orbital

^{3}C: – drei trigonal ausgerichtete $2sp^2$-Hybridorbitale – ein $2p_y$-Orbital

^{2}C: – zwei linear ausgerichtete 2sp-Hybridorbitale – ein $2p_z$- und ein $2p_y$-Orbital

c)

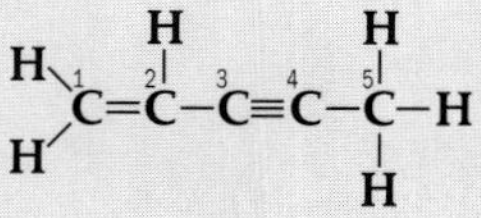

Energiestufendiagramme:

Energie ↑				
2p ↑ ↑ ☐	2p ↑ ↑ ↑		2p I	2p I I
		$2sp^3$ I I I I	$2sp^2$ I I I	2sp I I
2s ⇅	2s ↑			
1s ⇅	1s ⇅	1s ⇅	1s ⇅	1s ⇅
Grundzustand	angeregter Zustand	hybrid. Zustand (^{5}C)	hybrid. Zustand (^{1}C und ^{2}C)	hybrid. Zustand (^{3}C und ^{4}C)

Orbitalbild:

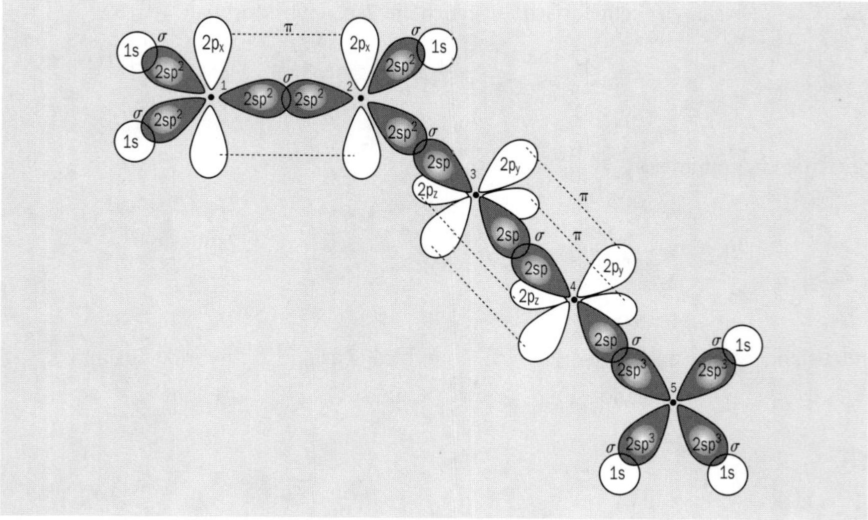

Orbitalgeometrie:

^{1}C und ^{2}C: – jeweils drei trigonal ausgerichtete $2sp^2$-Hybridorbitale
– jeweils ein $2p_x$-Orbital

^{3}C und ^{4}C: – jeweils zwei linear ausgerichtete 2sp-Hybridorbitale
– jeweils ein $2p_y$- und ein $2p_z$-Orbital

^{5}C: vier tetraedrisch ausgerichtete $2sp^3$-Hybridorbitale

S. 60:

In polaren Lösemitteln nimmt die Löslichkeit mit zunehmender Zahl an OH-Gruppen (polar) zu. In unpolaren Lösemitteln nimmt sie ab.

S. 63:

Lösevorgänge bei salzartigen Verbindungen verlaufen exotherm, wenn bei der Hydratation mehr Energie frei wird als zur Aufhebung der Kristallgitterkräfte erforderlich ist. Die Summe der Hydratationsenthalpien von Na^+-Ionen (ΔH = – 398 kJ/mol; vgl. Tab. 62.1) und Cl^--Ionen (ΔH = – 376 kJ/mol; vgl. Tab. 62.1.) beträgt – (398 + 376) kJ/mol = – 774 kJ/mol.

Die Gitterenergie von NaCl beträgt hingegen ΔH = – 766 kJ/mol, die Energie zur Zerstörung des Gitterverbandes also ΔH = + 766 kJ/mol. Mit anderen Worten: Die bei der Hydratation der Na^+- und Cl^--Ionen freiwerdende Energie ist um (774 kJ/mol – 766 kJ/mol =) 8 kJ/mol größer als die zur Auflösung des Ionengitters erforderliche Energie. Infolgedessen verläuft die Auflösung von kristallinem Natriumchlorid exotherm.

S. 63:

1. siehe S. 32
2. siehe S. 33f.
3. siehe S. 35f.
4. siehe S. 37
5. siehe S. 37f.
6. siehe S. 39ff.
7. siehe S. 43ff.
8. siehe S. 46
9. **a)** siehe S. 47f.
b) siehe S. 49
c) siehe S. 50 und Orbitalbild (vgl. Lösung zu S. 50)
d) und **e)** siehe S. 50f.
f) siehe S. 51f.
g) siehe S. 53
10. siehe S. 57ff.
11. siehe S. 59ff.
12. siehe S. 62

Lösungshinweise und Musterlösungen zum Teil „Protolysen und Massenwirkungsgesetz", S. 64 bis S. 113

S. 71:

Korrespondierende Säure-Base-Paare: $H_3PO_4/H_2PO_4^-$, $H_2PO_4^-/HPO_4^{2-}$, HPO_4^{2-}/PO_4^{3-}

Namen: H_3PO_4 Phosphorsäure (-Molekül) $H_2PO_4^-$ Dihydrogenphosphat (-Ion)
HPO_4^{2-} Hydrogenphosphat (-Ion) PO_4^{3-} Phosphat (-Ion)

Amphotere Teilchen: $H_2PO_4^-$ und HPO_4^{2-}

S. 75:

$c(H_3O^+)$ in $\frac{mol}{l}$	1	10^{-1}	10^{-2}	10^{-3}	10^{-4}	10^{-5}	10^{-6}	10^{-7}	10^{-8}	10^{-9}	10^{-10}	10^{-11}	10^{-12}	10^{-13}	10^{-14}
pH	0	1	2	3	4	5	6	7	8	9	10	11	12	13	14

S. 76:

Erforderliche Berechnungsformeln:

$pH = -\lg c(H_3O^+)$

$pOH = -\lg c(OH^-)$

$pH + pOH = 14$

a) $c(H_3O^+) = 10^{-7}\ mol \cdot l^{-1}$

$pH = -\lg 10^{-7} = \underline{\underline{7}}$

b) $c(H_3O^+) = 2 \cdot 10^{-2}\ mol \cdot l^{-1}$

$pH = -\lg (2 \cdot 10^{-2}) \approx \underline{\underline{1{,}7}}$

c) $c(OH^-) = 10^{-3}\ mol \cdot l^{-1}$

$pOH = -\lg 10^{-3} = 3$

$pH = 14 - pOH = 14 - 3 = \underline{\underline{11}}$

$c(H_3O^+) = 1\ mol \cdot l^{-1}$

Da $10^0 = 1$ folgt $pH = \underline{\underline{0}}$

Nach dem Verdünnen der Lösung gilt:

$c(H_3O^+) = 0{,}5\ mol \cdot l^{-1}$ (1 mol H_3O^+-Ionen in $\underline{2 l}$ Lösung!)

Also: $pH = -\lg 0{,}5 = \underline{\underline{0{,}3}}$

S. 79:

Folgende Übersicht zeigt die *p*H-Bereiche, in denen die betreffenden Teilchen auftreten:

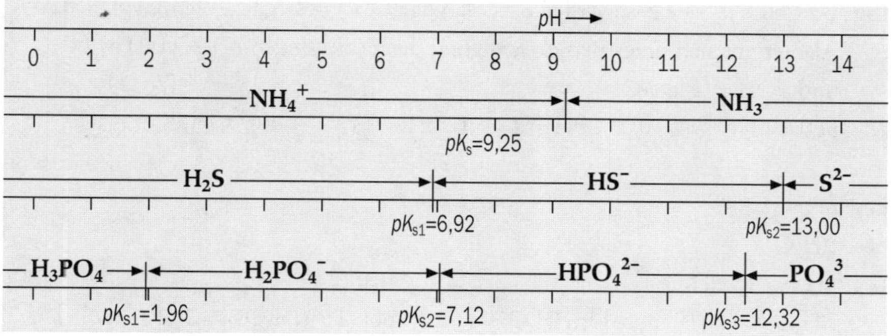

S. 80:

$$HPO_4^{2-} \quad + \quad NH_3 \quad \rightleftharpoons \quad PO_4^{3-} \quad + \quad NH_4^+$$

$pK_{S_1} = 12{,}32$ $\quad pK_{B_2} = 4{,}75$ $\quad pK_{B_1} = 1{,}68$ $\quad pK_{S_2} = 9{,}25$

Das Gleichgewicht der Reaktion liegt auf der linken Seite, da das NH_4^+-Ion eine stärkere Säure als das HPO_4^{2-}-Ion ist ($pK_{S_2} < pK_{S_1}$) und das PO_4^{3-}-Ion eine stärkere Base als das NH_3-Molekül ist ($pK_{B_1} < pK_{B_2}$).

S. 87:

Tabelle laut Seite 85 ergänzen.

S. 87: Protolysen-Marathon

1. geg: $c(OH^-) = 1 \text{ mol} \cdot l^{-1}$

ges: *p*H

Lsg: $pOH = -\lg c(OH^-) = -\lg 1 = 0$

$pH + pOH = 14$ (vgl. S. 76) bzw. $pH = 14 - pOH$

$pH = 14 - 0 \quad pH = \underline{\underline{14}}$

2. geg: $m(NaOH) = 2 \text{ g}$

$V(\text{NaOH-Lösung}) = 600 \text{ ml} = 0{,}6 \text{ l}$

$M(NaOH) = 40 \text{ g} \cdot \text{mol}^{-1}$

ges: *p*H

Lsg: Da $c = \frac{n}{V}$ (vgl. S. 66)

und $M = \frac{m}{n}$ (vgl. S. 65) bzw. $n = \frac{m}{M}$ ergibt sich $c = \frac{m}{M \cdot V}$

Einsetzen der Werte:

$c(OH^-) = \frac{2\text{g}}{40 \text{ g} \cdot \text{mol}^{-1} \cdot 0{,}6 \text{ l}}$ $c(OH^-) = 8{,}3 \cdot 10^{-2} \text{ mol} \cdot l^{-1}$

$pH = 14 - pOH = 14 + \lg c(OH^-)$ $pH = 14 + \lg (8{,}3 \cdot 10^{-2})$ $pH = \underline{\underline{12{,}92}}$

3. geg: $c_o[Ca(OH)_2] = 0{,}05\ mol \cdot l^{-1}$

ges: pH

Lsg: Da $Ca(OH)_2$ eine zweiwertige Base ist, gilt $c(OH^-) = 2 \cdot c_o[Ca(OH)_2]$ (vgl. S. 82)
Also ergibt sich unter Berücksichtigung der Beziehungen $pH + pOH = 14$ und $pOH = -\lg c(OH^-)$:

$pH = 14 + \lg (2 \cdot 0{,}05)$ $pH = 14 - 1$ $pH = \underline{\underline{13}}$

4. geg: $pH = 2{,}7$

ges: $c(H_3O^+)$

Lsg: $pH = -\lg c(H_3O^+)$:

$c(H_3O^+) = 10^{-pH}\ mol \cdot l^{-1}$ $c(H_3O^+) = 10^{-2{,}7}\ mol \cdot l^{-1}$ $c(H_3O^+) = \underline{\underline{2 \cdot 10^{-3}\ mol \cdot l^{-1}}}$

5. geg: $pH = 12{,}6$

ges: $c(OH^-)$

Lsg: $pH + pOH = 14$

$pOH = 14 - pH$ $pOH = 14 - 12{,}6$ $pOH = 1{,}4$

$c(OH^-) = 10^{-1{,}4}\ mol \cdot l^{-1}$ $c(OH^-) = \underline{\underline{3{,}98 \cdot 10^{-2}\ mol \cdot l^{-1}}}$

6. geg: $m(H_2SO_4) = 0{,}3\ g$

$V(H_2SO_4\text{-Lösung}) = 0{,}5\ l$

$M(H_2SO_4) = 98\ g \cdot mol^{-1}$

ges: pH

Lsg: Herleitung wie in **2.** $\Rightarrow c = \frac{m}{M \cdot V}$

$c_o(H_2SO_4) = \frac{0{,}3\ g}{98\ g \cdot mol^{-1} \cdot 0{,}5\ l}$ $c_o(H_2SO_4) = 0{,}0061\ mol \cdot l^{-1}$

Bei starken zweiwertigen Säuren wird nur die erste Dissoziationsstufe berücksichtigt (vgl. S. 81).

$pH \approx -\lg c_O(H_2SO_4) = -\lg 0{,}0061$ $pH \approx \underline{\underline{2{,}21}}$

7. geg: $m(NaOH) = 0{,}8\ g$

$V(NaOH\text{-Lösung}) = 100\ ml = 0{,}1\ l$

$M(NaOH) = 40\ g \cdot mol^{-1}$

ges: pH

Lsg: Herleitung wie in **2.** $\Rightarrow c = \frac{m}{M \cdot V}$

$c_o(NaOH) = \frac{0{,}8\ g}{40\ g \cdot mol^{-1} \cdot 0{,}1\ l}$ $c_o(NaOH) = 0{,}2\ mol \cdot l^{-1}$

$pH = 14 - pOH$ $pH = 14 + \lg c(OH^-)$ $pH = 14 + \lg 0{,}2$ $pH \approx 14 - 0{,}7$

$pH \approx \underline{\underline{13{,}3}}$

a) $HSO_4^- + CO_3^{2-} \rightleftharpoons SO_4^{2-} + HCO_3^-$

$pK_{S_1} = 1{,}92$ $pK_{B_2} = 3{,}6$ $pK_{B_1} = 12{,}08$ $pK_{S_2} = 10{,}4$

allgemein gilt: $pK_S + pK_B = 14$ (vgl. S. 78)

hier speziell: $pK_{S_1} = 1.92 \rightarrow pK_{B_1} = 14 - pK_{S_1} = 14 - 1{,}92 = 12{,}08$

$pK_{B_2} = 3{,}6 \rightarrow pK_{S_2} = 14 - pK_{B_2} = 14 - 3{,}6 = 10{,}4$

Die Hinreaktion ist begünstigt, da das HSO_4^--Ion eine stärkere Säure als das HCO_3^--Ion ist ($pK_{S_1} < pK_{S_2}$) und das CO_3^{2-}-Ion eine stärkere Base als das SO_4^{2-}-Ion ist ($pK_{B_2} < pK_{B_1}$).

b) $HCOOH + NO_2^- \rightleftharpoons HCOO^- + HNO_2$

$pK_{S_1} = 3{,}74$ $pK_{B_2} = 10{,}66$ $pK_{B_1} = 10{,}26$ $pK_{S_2} = 3{,}34$

Die Rückreaktion ist begünstigt, da das HNO_2-Molekül eine stärkere Säure als das HCOOH-Molekül ist ($pK_{S_2} < pK_{S_1}$) und das $HCOO^-$-Ion eine stärkere Base als das NO_2^--Ion ist ($pK_{B_1} < pK_{B_2}$).

c) $HF + CN^- \rightleftharpoons F^- + HCN$

$pK_{S_1} = 3{,}14$ $pK_{B_2} = 4{,}6$ $pK_{B_1} = 10{,}86$ $pK_{S_2} = 9{,}4$

Die Hinreaktion ist begünstigt, da das HF-Molekül eine stärkere Säure als das HCN-Molekül ist ($pK_{S_1} < pK_{S_2}$) und das CN^--Ion eine stärkere Base als das F^--Ion ist ($pK_{B_2} < pK_{B_1}$).

9. geg: $pH = 13$

$V(\text{Lösung}) = 0{,}5\ l$

$M(OH^-) = 17\ g \cdot mol^{-1}$

ges: $m(OH^-)$

Lsg: Da $pH + pOH = 14$, folgt $pOH = 14 - pH = 14 - 13 = 1$.

Somit ergibt sich $c(OH^-) = 10^{-pOH}\ mol \cdot l^{-1}$ $c(OH^-) = 10^{-1}\ mol \cdot l^{-1}$

Weiterhin gilt: $M = \frac{m}{n} \rightarrow m = M \cdot n$ **1.**

$c = \frac{n}{V} \rightarrow n = c \cdot V$ **2.**

2. in **1.** einsetzen: $m = M \cdot c \cdot V$

Einsetzen der Werte: $m(OH^-) = M(OH^-) \cdot c(OH^-) \cdot V(\text{Lösung})$

$m(OH^-) = 17\ g \cdot mol^{-1} \cdot 10^{-1}\ mol \cdot l^{-1} \cdot 0{,}5\ l$ $m(OH^-) = \underline{\underline{0{,}85\ g}}$

10. geg: $K_S = 3{,}2 \cdot 10^{-11}\ mol \cdot l^{-1}$

ges: K_B

Lsg: $K_S \cdot K_B = K_W = 10^{-14}\ mol^2 \cdot l^{-2}$ (vgl. S. 78)

Somit gilt: $K_B = \frac{10^{-14}\ mol^2 \cdot l^{-2}}{K_S} = \frac{10^{-14}\ mol^2 \cdot l^{-2}}{3{,}2 \cdot 10^{-11}\ mol \cdot l^{-1}}$ $K_B = \underline{\underline{3{,}1 \cdot 10^{-4}\ mol \cdot l^{-1}}}$

PR/MWG **11.** geg: $K_B = 6 \cdot 10^{-10}$ mol $\cdot$ l^{-1}

ges: pK_S

Lsg: $K_S \cdot K_B = K_W = 10^{-14}$ mol^2 $\cdot$ l^{-2} (vgl. S. 78)

$pK_S = -\lg K_S$ (vgl S. 77)

Somit gilt: $K_S = \frac{10^{-14}\ mol^2 \cdot l^{-2}}{K_B} = \frac{10^{-14}\ mol^2 \cdot l^{-2}}{6 \cdot 10^{-10}\ mol \cdot l^{-1}}$

$K_S = 1{,}7 \cdot 10^{-5}$ mol $\cdot$ l^{-1}

Daraus folgt: $pK_S = -\lg K_S = -\lg (1{,}7 \cdot 10^{-5}) = \underline{\underline{4{,}8}}$

12. geg: $c_o(CH_3COOH) = 0{,}1$ mol $\cdot$ l^{-1}

$pK_S(CH_3COOH) = 4{,}75$

ges: pH

Lsg:

- Essigsäure ist eine schwache Säure (vgl. pK_S-Wert und pK-Einteilung auf S. 78)
- Der pH-Wert einer schwachen Säure wird berechnet nach der Formel
  $pH = \frac{1}{2}\,[pK_S - \lg c_O(HA)]$ (zur Herleitung siehe S. 82f.)
- Einsetzen der Werte:
  $pH = \frac{1}{2}\,(4{,}75 - \lg 0{,}1)$ $pH \approx \underline{\underline{2{,}88}}$

S. 88

13. geg: $c_o(HCN) = 0{,}02$ mol $\cdot$ l^{-1}

$K_S(HCN) = 10^{-9}$ mol $\cdot$ l^{-1}

ges: pH

Lsg:

- Aus $K_S(HCN) = 10^{-9}$ mol $\cdot$ l^{-1} folgt $pK_S(HCN) = 9$ (vgl. S. 77)
  HCN ist also eine schwache Säure (vgl. pK-Einteilung auf S. 78)
- Berechnungsformel:
  $pH = \frac{1}{2}\,[pK_S - \lg c_o(HA)]$ (zur Herleitung vgl. S. 82f.)
- Einsetzen der Werte:
  $pH = \frac{1}{2}\,(9 - \lg 0{,}02)$ $pH \approx \underline{\underline{5{,}35}}$

14. geg: $c_o(NH_3) = 1$ mol $\cdot$ l^{-1}

$pK_B(NH_3) = 4{,}75$

ges: pH

Lsg:

- Ammoniak ist eine schwache Base (vgl. pK_B-Wert und pK-Einteilung auf S. 78).
- Der pH-Wert einer schwachen Base wird berechnet nach der Formel
  $pH = 14 - \frac{1}{2}\,[pK_B - \lg c_o(B)]$ (zur Herleitung siehe S. 83f.)
- Einsetzen der Werte: $pH = 14 - \frac{1}{2}\,(4{,}75 - \lg 1)$ $pH \approx \underline{\underline{11{,}63}}$

15. geg: $pK_S(CH_3COOH) = 4,75$
$c_0(HCl) = 8 \cdot 10^{-4}$ mol · l^{-1}
ges: **a)** pH der Salzsäure (Vorbedingung zur weiteren Berechnung)
b) $c_O(CH_3COOH)$
Lsg:
zu **a)** Für starke Säuren (wie z. B. HCl) gilt wegen der vollständigen Dissoziation:
$pH = -\lg c(H_3O^+) = -\lg c_0(HA)$ hier: $pH = -\lg (8 \cdot 10^{-4}) \approx 3.1$

b) Für schwache Säuren (wie z. B. CH_3COOH) gilt:
$pH = \frac{1}{2} [pK_S - \lg c_0(HA)]$ (zur Herleitung vgl. S. 82f.)

Umformen: $\frac{1}{2} \lg c_0(HA) = \frac{1}{2} pK_S - pH \quad |\cdot 2 \quad \lg c_0(HA) = pK_S - 2\,pH$
Bei $pH = 3,1$ (pH-Wert der Salzsäure, vgl. **a)** gilt dann $\lg c_0(HA) = 4,75 - 6,2 = -1,45$
und somit: $c_0(HA) = 10^{-1,45}$ mol · l^{-1} hier: $c_0(CH_3COOH) \approx \underline{\underline{0,035 \text{ mol} \cdot l^{-1}}}$

16. geg: $c_0(H_2S) = 0,11$ mol · l^{-1}
$pH = 4$
ges: K_S
Lsg:
$H_2S + H_2O \rightleftharpoons H_3O^+ + HS^-$
$$K_S = \frac{c(H_3O^+) \cdot c(HS^-)}{c_0(H_2S)}$$
$c(H_3O^+) = c(HS^-)$
$$K_S = \frac{c^2(H_3O^+)}{c_0(H_2S)}$$

Da $pH = -\lg c(H_3O^+)$ und somit $c(H_3O^+) = 10^{-pH}$ mol · l^{-1} ergibt sich:
$$K_S = \frac{(10^{-pH} \text{ mol} \cdot l^{-1})^2}{c_O(H_2S)} = \frac{(10^{-4} \text{ mol} \cdot l^{-1})^2}{0,11 \text{ mol} \cdot l^{-1}} \quad K_S \approx \underline{\underline{9,1 \cdot 10^{-8} \text{ mol} \cdot l^{-1}}}$$

17. geg: $c_0(HA) = 0,005$ mol · l^{-1}
$pH = 4,7$
ges: K_S und pK_S
Lsg: $pH = \frac{1}{2} [pK_S - \lg c_0(HA)]$ (zur Herleitung siehe S. 82f.)
Umformen: $pK_S = pH + \frac{1}{2} \lg c_0(HA) \quad |\cdot 2$
$\frac{1}{2} pK_S = 2 \cdot pH + \lg c_0(HA)$
Einsetzen: $pK_S = 2 \cdot 4,7 + \lg 0,005$
$pK_S \approx 9,4 - 2,3 \quad pK_S \approx \underline{\underline{7,1}}$

Da $pK_S = -\lg K_S$ folgt:
$K_S = 10^{-pK_S}$ mol · l^{-1} $\quad K_S = 10^{-7,1}$ mol · l^{-1} $\quad K_S = \underline{\underline{8 \cdot 10^{-8} \text{ mol} \cdot l^{-1}}}$

PR/MWG **18.** geg: Umschlagsbereich $pH = 4{,}3$ bis $pH = 5{,}7$

ges: K_I (Umschlagspunkt bei $pH = 5$)

Lsg:

$HIn \rightleftharpoons H^+ + In^-$ (vgl. S. 85)

$K_I = \frac{c(H^+) \cdot c(In^-)}{c(HIn)}$

Am Umschlagspunkt gilt: $c(HIn) = c(In^-)$ und folglich $K_I = c(H^+)$
[$c(In^-)$ kann gegen $c(HIn)$ gekürzt werden.]
Da $c(H^+) = c(H_3O^+) = 10^{-pH}$ mol · l⁻¹, ergibt sich: $K_I = 10^{-5}\ mol \cdot l^{-1}$

S. 101:

1. geg: **a)** V(HCl-Lösung) = 40 ml = 0,04 l

$pH = 1{,}4$

b) V(NaOH-Lösung) = 25 ml = 0,025 l

$c_0(NaOH) = 2 \cdot 10^{-2}\ mol \cdot l^{-1}$

ges: pH-Wert der Mischlösung

Lsg:

a) – Berechnung der Stoffmengenkonzentration der Oxonium-Ionen:

$c(H_3O^+) = 10^{-pH}\ mol \cdot l^{-1} = 10^{-1{,}4}\ mol \cdot l^{-1} = 4 \cdot 10^{-2}\ mol \cdot l^{-1}$

– Berechnung der Stoffmenge der Oxonium-Ionen in 40 ml HCl-Lösung:

allgemein: $c = \frac{n}{V} \rightarrow n = c \cdot V$

hier: $n(H_3O^+) = c(H_3O^+) \cdot V(\text{HCl-Lösung})$

$n(H_3O^+) = 4 \cdot 10^{-2}\ mol \cdot l^{-1} \cdot 0{,}04\ l \quad n(H_3O^+) = \underline{16 \cdot 10^{-4}\ mol}$

b) Berechnung der Stoffmenge der Hydroxid-Ionen in 25 ml NaOH-Lösung (vollständige Dissoziation: $c_O(NaOH) = c(OH^-)$):

$n(OH^-) = c(OH^-) \cdot V(\text{NaOH-Lösung})$

$n(OH^-) = 2 \cdot 10^{-2}\ mol \cdot l^{-1} \cdot 0{,}025\ l \quad n(OH^-) = \underline{5 \cdot 10^{-4}\ mol}$

c) Gemäß der Neutralisationsgleichung

$H_3O^+ + OH^- \rightleftharpoons 2H_2O$

erhält man nach dem Zusammengeben der beiden Lösungen (40 ml HCl-Lösung + 25 ml NaOH-Lösung) 65 ml Mischlösung mit einem Überschuss an H_3O^+-Ionen ($n(H_3O^+) > n(OH^-)$).

Der Säureüberschuss in der Mischlösung errechnet sich wie folgt:

$n(H_3O^+) - n(OH^-) = 16 \cdot 10^{-4}$ mol H_3O^+-Ionen – $5 \cdot 10^{-4}$ mol OH^--Ionen

$n(H_3O^+) = 11 \cdot 10^{-4}\ mol$

$\hookrightarrow c(H_3O^+) = \frac{n}{V} = \frac{11 \cdot 10^{-4}\ mol}{0{,}065\ l} = \underline{1{,}69 \cdot 10^{-2}\ mol \cdot l^{-1}}$

Schließlich erhält man

$pH = - \lg c(H_3O^+)$

$pH = - \lg (1{,}69 \cdot 10^{-2})$ $pH = \underline{\underline{1{,}77}}$ Der pH-Wert der Mischlösung beträgt $pH = 1{,}77$.

2. geg: $c(HCl) = 0{,}1\ mol \cdot l^{-1}$

V(HCl-Lösung) = 15,3 ml = 0,0153 l

V(NaOH-Lösung) = 20 ml = 0,02 l

$M(NaOH) = 40\ g \cdot mol^{-1}$

ges c(NaOH) und $ß$(NaOH)

Lsg:

a) – Berechnung der Stoffmenge der Oxonium-Ionen: allgemein gilt $c = \frac{n}{V} \rightarrow n = c \cdot V$

hier: $n(H_3O^+) = c(HCl) \cdot V(\text{HCl-Lösung})$

$n(H_3O^+) = 0{,}1\ mol \cdot l^{-1} \cdot 0{,}0153\ l$ $n(H_3O^+) = \underline{0{,}00153\ mol}$

– Berechnung der Stoffmengenkonzentration der Natronlauge:

Da die Natronlauge gerade neutralisiert wurde, enthält sie 0,00153 mol OH^--Ionen.

Hieraus ergibt sich $c(NaOH) = \frac{n}{V} = \frac{0{,}00153\ mol}{0{,}02\ l} = \underline{0{,}0765\ mol \cdot l^{-1}}$

b) Berechnung der Massenkonzentration der verwendeten Natronlauge:

$ß = c \cdot M = 0{,}0765\ mol \cdot l^{-1} \cdot 40\ g \cdot mol^{-1}$ $ß = \underline{\underline{3{,}06\ g \cdot l^{-1}}}$

S. 101:

Salz	**Farbe des Indikators**	**Reaktion der Lösung**	**Reaktionsgleichung**
NaCl	grün	neutral	–
K_2SO_4	grün	neutral	–
Na_2CO_3	blau	alkalisch	$CO_3^{2-} + H_2O \rightleftharpoons HCO_3^- + OH^-$
$NaHCO_3$	blau	alkalisch	$HCO_3^- + H_2O \rightleftharpoons H_2CO_3 + OH^-$
CH_3COONa	blau	alkalisch	$CH_3COO^- + H_2O \rightleftharpoons CH_3COOH + OH^-$
NH_4Cl	gelb	sauer	$NH_4^+ + H_2O \rightleftharpoons NH_3 + H_3O^+$
CH_3COONH_4	grün	neutral	$CH_3COO^- + H_2O \rightleftharpoons CH_3COOH + OH^-$ $NH_4^+ + H_2O \rightleftharpoons NH_3 + H_3O^+$ $H_3O^+ + OH^- \rightleftharpoons 2H_2O$

PR/MWG **S. 102:**

Textergänzungen:

- $pK_S(NH_4^+) = 9{,}25$ (da $pK_B(NH_3) = 4{,}75$ und $pK_S + pK_B = 14$)
- $pK_B(CH_3COO^-) = 9{,}25$ (da $pK_S(CH_3COOH) = 4{,}75$)

S. 104:

$H_2O + H_2O \rightleftharpoons H_3O^+ + OH^-$ $\quad A^- + H_2O \rightleftharpoons HA + OH^-$

$K_W = c(H_3O^+) \cdot c(OH^-)$ $\quad K_B = \frac{c(HA) \cdot c(OH^-)}{c(A^-)}$

$\rightarrow c(OH^-) = \frac{K_W}{c(H_3O^+)}$ $\quad \rightarrow c(OH^-) = \frac{K_B \cdot c(A^-)}{c(HA)}$

Annahmen: $c(HA) = c_O$ (Salz) und $c(A^-) = c(H_3O^+)$,

denn $HA + H_2O \rightleftharpoons H_3O^+ + A^-$

Also gilt: $\frac{K_W}{c(H_3O^+)} = \frac{K_B \cdot c(H_3O^+)}{c_O(\text{Salz})}$ und $K_W = \frac{K_B \cdot c^2(H_3O^+)}{c_O(\text{Salz})}$ sowie $c^2(H_3O^+) = \frac{K_W \cdot c_O(\text{Salz})}{K_B}$

Schließlich erhält man $c(H_3O^+) = \sqrt{\frac{K_W \cdot c_O(\text{Salz})}{K_B}}$

S. 107:

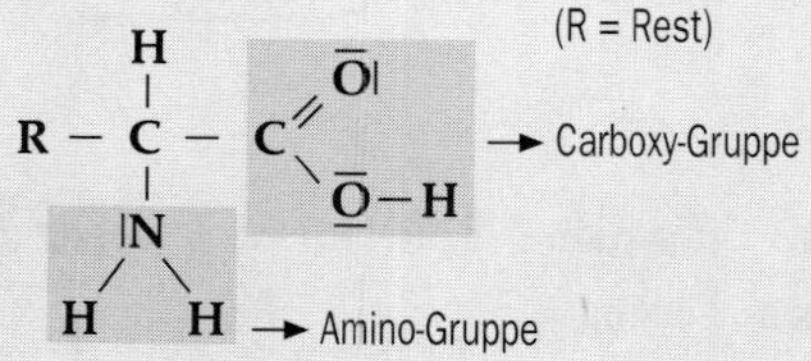

S. 108:

a) Da 0,01 mol CH_3COO^--Ionen mit 0,01 mol H_3O^+-Ionen reagieren, enthalten 2 l Mischlösung 0,11 mol CH_3COOH-Moleküle und 0,09 mol CH_3COO^--Ionen.

$pH = pK_S + \lg \frac{c(CH_3COO^-)}{c(CH_3COOH)} = pK_S + \lg c(CH_3COO^-) - \lg c(CH_3COOH)$

$pH = 4{,}75 + \lg \frac{0{,}09}{2} - \lg \frac{0{,}11}{2}$ $\quad pH = 4{,}75 - 1{,}34 + 1{,}26$ $\quad pH = \underline{\underline{4{,}67}}$

b) Da 0,01 mol CH_3COOH-Moleküle mit 0,01 mol OH^--Ionen reagieren, enthalten 2 l Mischlösung 0,09 mol CH_3COOH-Moleküle und 0,11 mol CH_3COO^--Ionen.

$pH = pK_S + \lg c(CH_3COO^-) - \lg c(CH_3COOH)$

$pH = 4{,}75 + \lg \frac{0{,}11}{2} - \lg \frac{0{,}09}{2}$

$pH = 4{,}75 - 1{,}26 + 1{,}34$ $\quad pH = \underline{\underline{4{,}84}}$

Hinweis: Wiederholen Sie zunächst die S. 64 bis 66!

1. geg: $K_L(AgI) = 10^{-16}\ mol^2 \cdot l^{-2}$

$M(AgI) = 234{,}8\ g \cdot mol^{-1}$

ges: $ß(AgI)$

Lsg: $AgI \rightleftharpoons Ag^+ + I^-$

$K_L = c(Ag^+) \cdot c(I^-)$

Da $c(Ag^+) = c(I^-)$, gilt $K_L = c^2(Ag^+)$.

Somit ergibt sich $c(Ag^+) = \sqrt{K_L(AgI)} = c(AgI_{gelöst})$, denn die Konzentration an gelöstem AgI entspricht der Konzentration der Ag^+- bzw. I^--Ionen in der Lösung (m. a. W. pro Formeleinheit AgI werden ein Ag^+-Ion und ein I^--Ion freigesetzt).

$c(Ag^+) = \sqrt{10^{-16}\ mol^2 \cdot l^{-2}} = 10^{-8}\ mol \cdot l^{-1}$ $c(AgI_{gelöst}) = 10^{-8}\ mol \cdot l^{-1}$

Ferner gilt: $ß = \frac{m}{V}$

$$\left.\begin{array}{l} M = \frac{m}{n} \rightarrow m = M \cdot n \\ c = \frac{n}{V} \rightarrow V = \frac{n}{c} \end{array}\right\} \rightarrow ß = \frac{M \cdot n}{\frac{n}{c}} = \frac{M \cdot n \cdot c}{n}$$

$ß = M \cdot c = M(AgI) \cdot c(AgI_{gelöst})$

$ß = 234{,}8\ g \cdot mol^{-1} \cdot 10^{-8}\ mol \cdot l^{-1}$ $ß = \underline{\underline{2{,}348 \cdot 10^{-6}\ g \cdot l^{-1}}}$

Die Massenkonzentration von Silberiodid beträgt $2{,}348 \cdot 10^{-6}\ g \cdot l^{-1}$

2. geg $c(HCl) = 0{,}1\ mol \cdot l^{-1}$

$K_L(AgCl) = 10^{-10}\ mol^2 \cdot l^{-2}$

$M(AgCl) = 143{,}3\ g \cdot mol^{-1}$

ges: $ß(AgCl)$ in der vorgegebenen Salzsäure

Lsg: $AgCl \rightleftharpoons Ag^+ + Cl^-$

$K_L(AgCl) = c(Ag^+) \cdot c(Cl^-) = 10^{-10}\ mol^2 \cdot l^{-2}$

In Wasser: $c(Cl^-) = c(Ag^+) = \sqrt{K_L(AgCl)} = \sqrt{10^{-10}\ mol^2 \cdot l^{-2}} = 10^{-5}\ mol \cdot l^{-1}$

In der vorgegebenen Salzsäure: $c(Cl^-) = c_O(HCl) = 0{,}1\ mol \cdot l^{-1} = 10^{-1}\ mol \cdot l^{-1}$

Da die Cl^--Ionenkonzentration in Wasser gegenüber der in der Salzsäure vernachlässigbar gering ist ($10^{-5} \ll 10^{-1}$), folgt näherungsweise:

$c(Ag^+) = \frac{K_L(AgCl)}{c(Cl^-\text{ in Salzsäure})} = \frac{10^{-10}\ mol^2 \cdot l^{-2}}{10^{-1}\ mol \cdot l^{-1}}$

Also gilt: $c(Ag^+) = 10^{-9}\ mol \cdot l^{-1}$ und $c(AgCl_{gelöst}) = 10^{-9}\ mol \cdot l^{-1}$

PR/MWG Nach der Herleitung wie in **1.** lässt sich die Massenkonzentration von Silberchlorid wie folgt berechnen:

$ß = M \cdot c = M(AgCl) \cdot c(AgCl_{gelöst})$

$ß = 143{,}3\ g \cdot mol^{-1} \cdot 10^{-9}\ mol \cdot l^{-1}$ $\quad ß = \underline{\underline{1{,}4 \cdot 10^{-7}\ g \cdot l^{-1}}}$

Die Massenkonzentration von Silberchlorid in der vorgegebenen Salzsäure beträgt $1{,}4 \cdot 10^{-7}\ g \cdot l^{-1}$

3. geg: $K_L(AgCl) = 10^{-10}\ mol^2 \cdot l^{-2}$

$M(Ag^+) = 107{,}9\ g \cdot mol^{-1}$

$c(Cl^-\text{ in Meerwasser}) = 9 \cdot 10^{-2}\ mol \cdot l^{-1}$

ges: $ß(Ag^+)$ in Meerwasser

Lsg: $AgCl \rightleftharpoons Ag^+ + Cl^-$

$K_L = c(Ag^+) \cdot c(Cl^-)$

hier: $c(Ag^+) = \frac{K_L}{c(Cl^-\text{ in Meerwasser})}$

$c(Ag^+) = \frac{10^{-10}\ mol^2 \cdot l^{-2}}{9 \cdot 10^{-2}\ mol \cdot l^{-1}}$ $\quad c(Ag^+) = 1{,}1 \cdot 10^{-9}\ mol \cdot l^{-1}$

Nach der Herleitung wie in **1.** lässt sich die Massenkonzentration der Ag^+-Ionen wie folgt berechnen:

$ß = M \cdot c = M(Ag^+) \cdot c(Ag^+)$

$ß = 107{,}9\ g \cdot mol^{-1} \cdot 1{,}1 \cdot 10^{-9}\ mol \cdot l^{-1}$ $\quad ß = \underline{\underline{1{,}187 \cdot 10^{-7}\ g \cdot l^{-1}}}$

In einem Liter Meerwasser können maximal $1{,}187 \cdot 10^{-7}$ g Ag^+-Ionen gelöst sein.

4.a) geg: $K_L(PbCl_2) = 1{,}6 \cdot 10^{-5}\ mol^3 \cdot l^{-3}$

$M(PbCl_2) = 278{,}2\ g \cdot mol^{-1}$

ges: $ß(PbCl_2)$

Lsg: $PbCl_2 \rightleftharpoons Pb^{2+} + 2\ Cl^-$

$K_L = c(Pb^{2+}) \cdot c^2(Cl^-)$ **1.**

$c(Cl^-) = 2 \cdot c(Pb^{2+})$ **2.**

2. in **1.** ergibt:

$K_L = c(Pb^{2+}) \cdot 4c^2(Pb^{2+})$ $\quad K_L = 4c^3(Pb^{2+})$

$c(Pb^{2+}) = \sqrt[3]{\frac{K_L(PbCl_2)}{4}}$ $\quad c(Pb^{2+}) = \sqrt[3]{\frac{1{,}6 \cdot 10^{-5}}{4}\ mol^3 \cdot l^{-3}}$ $\quad c(Pb^{2+}) = 1{,}59 \cdot 10^{-2}\ mol \cdot l^{-1}$

Hinweis: Aus der obigen Dissoziationsgleichung geht hervor, dass die Konzentration an gelöstem $PbCl_2$ gleich der Konzentration an Pb^{2+}-Ionen in der Lösung ist (pro Formeleinheit $PbCl_2$ wird ein Pb^{2+}-Ion freigesetzt). Aus diesem Grund wird mit $c(Pb^{2+})$ (und nicht mit $c(Cl^-)$) weitergerechnet.

Weiterhin ergibt sich: $c(PbCl_{2\ gelöst}) = c(Pb^{2+}) = 1{,}59 \cdot 10^{-2}\ mol \cdot l.$

Nach der Herleitung wie in **1.** lässt sich die Massenkonzentration von Blei(II)-chlorid in Wasser wie folgt berechnen: PR/MWG

$ß = M \cdot c = M(PbCl_2) \cdot c(PbCl_{2\ gelöst})$

$ß = 278{,}2\ g \cdot mol^{-1} \cdot 1{,}59 \cdot 10^{-2}\ mol \cdot l^{-1}$ $ß = \underline{\underline{4{,}42\ g \cdot l^{-1}}}$

Die Massenkonzentration von Blei(II)-chlorid in Wasser beträgt $4{,}42\ g \cdot l^{-1}$

b) geg: $c(NaCl) = 0{,}5\ mol \cdot l^{-1}$

$K_L(PbCl_2) = 1{,}6 \cdot 10^{-5}\ mol^3 \cdot l^{-3}$

$M(PbCl_2) = 278{,}2\ g \cdot mol^{-1}$

ges: $ß(PbCl_2)$ in der vorgegebenen Kochsalz-Lösung

Lsg: $PbCl_2 \rightleftharpoons Pb^{2+} + 2Cl^-$

$K_L = c(Pb^{2+}) \cdot c^2(Cl^-) = 1{,}6 \cdot 10^{-5}\ mol^3 \cdot l^{-3}$

In Wasser: $c(Cl^-) = 2 \cdot c(Pb^{2+})$

$K_L = c(Pb^{2+}) \cdot 4c^2(Pb^{2+})$

$K_L = 4 \cdot c^3(Pb^{2+})$

$c(Pb^{2+}) = \sqrt[3]{\frac{K_L}{4}}$

$c(Pb^{2+}) = \sqrt[3]{\frac{1{,}6 \cdot 10^{-5}}{4}\ mol^3 \cdot l^{-3}} = \sqrt[3]{4 \cdot 10^{-6}\ mol^3 \cdot l^{-3}}$ $c(Pb^{2+}) \approx 1{,}6 \cdot 10^{-2}\ mol \cdot l^{-2}$

$c(Cl^-) = 2 \cdot c(Pb^{2+})$ (vgl. Dissoziationsgleichung) $c(Cl^-) = 2 \cdot 1{,}6 \cdot 10^{-2}\ mol \cdot l^{-1} = 3{,}2 \cdot 10^{-2}\ mol \cdot l^{-1}$

In der vorgegebenen Kochsalz-Lösung: $c(Cl^-) = 5 \cdot 10^{-1}\ mol \cdot l^{-1}$.

Da die Cl^--Ionenkonzentration in Wasser gegenüber der in der Kochsalz-Lösung vernachlässigbar gering ist (in der Salzlösung ist die Ionenkonzentration rund 20mal höher), gilt näherungsweise:

$K_L = c(Pb^{2+}) \cdot c^2(Cl^-) = 1{,}6 \cdot 10^{-5}\ mol^3 \cdot l^{-3}$

$c(Pb^{2+}) = \frac{1{,}6 \cdot 10^{-5}\ mol^3 \cdot l^{-3}}{c^2(Cl^-)} = \frac{1{,}6 \cdot 10^{-5}\ mol^3 \cdot l^{-3}}{(5 \cdot 10^{-1}\ mol \cdot l^{-1})^2}$ $c(Pb^{2+}) = \frac{1{,}6 \cdot 10^{-5}\ mol^3 \cdot l^{-3}}{2{,}5 \cdot 10^{-1}\ mol^2 \cdot l^{-2}} = 6{,}4 \cdot 10^{-5}\ mol \cdot l^{-1}$

Also gilt auch: $c(PbCl_{2\ gelöst}) = 6{,}4 \cdot 10^{-5}\ mol \cdot l^{-1}$

Nach der Herleitung wie in **1.** lässt sich die Massenkonzentration von Blei(II)-chlorid in der vorgegebenen Kochsalz-Lösung wie folgt berechnen:

$ß = M \cdot c = M(PbCl_2) \cdot c(PbCl_{2\ gelöst})$

$ß = 278{,}2\ g \cdot mol^{-1} \cdot 6{,}4 \cdot 10^{-5}\ mol \cdot l^{-1}$ $ß = \underline{\underline{1{,}78 \cdot 10^{-2}\ g \cdot l^{-1}}}$

Die Massenkonzentration von Blei(II)-chlorid in der vorgegebenen Kochsalz-Lösung beträgt $1{,}78 \cdot 10^{-2}\ g \cdot l^{-1}$.

PR/MWG **5.** geg: $K_L(CaF_2) = 10^{-10}\ mol^3 \cdot l^{-3}$

$M(CaF_2) = 78\ g \cdot mol^{-1}$

ges: $ß(CaF_2)$

Lsg: $CaF_2 \rightleftharpoons Ca^{2+} + 2F^-$

$K_L = c(Ca^{2+}) \cdot c^2(F^-)$ **1.**

$c(F^-) = 2 \cdot c(Ca^{2+})$ **2.**

2. in **1.** ergibt:

$K_L = c(Ca^{2+}) \cdot 4c^2(Ca^{2+})$

$K_L = 4c^3(Ca^{2+})$

$c(Ca^{2+}) = \sqrt[3]{\frac{K_L(CaF_2)}{4}}$

$c(Ca^{2+}) = \sqrt[3]{\frac{10^{-10}}{4}\ mol^3 \cdot l^{-3}}$ $c(Ca^{2+}) = 2{,}9 \cdot 10^{-4}\ mol \cdot l^{-1}$

Hinweis: Aus der obigen Dissoziationsgleichung geht hervor, dass die Konzentration an gelöstem CaF_2 gleich der Konzentration an Ca^{2+}-Ionen in der Lösung ist (pro Formeleinheit CaF_2 wird ein Ca^{2+}-Ion freigesetzt).

Aus diesem Grund wird mit $c(Ca^{2+})$ (und nicht mit $c(F^-)$) weitergerechnet.
Weiterhin ergibt sich: $c(CaF_{2\ gelöst}) = c(Ca^{2+}) = 2{,}9 \cdot 10^{-4}\ mol \cdot l^{-1}$.
Nach der Herleitung wie in **1.** lässt sich die Massenkonzentration von Calciumfluorid wie folgt berechnen:

$ß = M \cdot c = M(CaF_2) \cdot c(CaF_{2\ gelöst})$

$ß = 78\ g \cdot mol^{-1} \cdot 2{,}9 \cdot 10^{-4}\ mol \cdot l^{-1}$ $ß = \underline{\underline{2{,}3 \cdot 10^{-2}\ g \cdot l^{-1}}}$

Die Massenkonzentration von Calciumfluorid beträgt $2{,}3 \cdot 10^{-2}\ g \cdot l^{-1}$

6. geg: $ß(AgSCN) = 1{,}66 \cdot 10^{-4}\ g \cdot l^{-1}$

$M(AgSCN) = 166\ g \cdot mol^{-1}$

ges: $K_L(AgSCN)$

Lsg: $AgSCN \rightleftharpoons Ag^+ + SCN^-$

$K_L = c(Ag^+) \cdot c(SCN^-)$ **1.**

Es gilt: $c(Ag^+) = c(SCN^-) = c(AgSCN_{gelöst})$ **2.**

2. und **1.** ergibt: $K_L = c^2(Ag^+)$

Außerdem gilt:

1. $c = \frac{n}{V}$; $M = \frac{m}{n}$ → **2.** $n = \frac{m}{M}$; $ß = \frac{m}{V}$ → **3.** $V = \frac{m}{ß}$

2. und **3.** in **1.** liefert:

$$c = \frac{n}{V} = \frac{\frac{m}{M}}{\frac{m}{ß}} = \frac{m}{M} \cdot \frac{ß}{m} = \frac{ß}{M}$$

$$c(Ag^+) = \frac{1{,}66 \cdot 10^{-4}\ g \cdot l^{-1}}{166\ g \cdot mol^{-1}} = 10^{-6}\ mol \cdot l^{-1}$$

Somit ist $K_L = c^2(Ag^+) = (10^{-6}\ mol \cdot l^{-1})^2 = \underline{\underline{10^{-12}\ mol^2 \cdot l^{-2}}}$

Das Löslichkeitsprodukt von Silberthiocyanat beträgt $10^{-12}\ mol^2 \cdot l^{-2}$.

7. geg: $ß(KClO_4) = 13{,}06\ g \cdot l^{-1}$

$M(KClO_4) = 138{,}6\ g \cdot mol^{-1}$

ges: $K_L(KClO_4)$

Lsg: $KClO_4 \rightleftharpoons K^+ + ClO_4^-$

$K_L = c(K^+) \cdot c(ClO_4^-)$ **1.**

Es gilt: $c(K^+) = c(ClO_4^-) = c(KClO_{4\ gelöst})$ **2.**

2. in **1.** ergibt: $K_L = c^2(K^+)$

Nach der Herleitung wie in **6.** lässt sich das Löslichkeitsprodukt von Kaliumperchlorat wie folgt berechnen: $c = \frac{ß}{M}$

hier: $c(K^+) = \frac{13{,}06\ g \cdot l^{-1}}{138{,}6\ g \cdot mol^{-1}} = 9{,}4 \cdot 10^{-2}\ mol \cdot l^{-1}$

Somit ist $K_L = c^2(K^+) = (9{,}4 \cdot 10^{-2}\ mol \cdot l^{-1})^2 = \underline{\underline{8{,}8 \cdot 10^{-3}\ mol^2 \cdot l^{-2}}}$

Das Löslichkeitsprodukt von Kaliumperchlorat beträgt $8{,}8 \cdot 10^{-3}\ mol^2 \cdot l^{-1}$

8. geg: $pK_L(Mg(OH)_2) = 11$

ges: pH

Lsg: $Mg(OH)_2 \rightleftharpoons Mg^{2+} + 2OH^-$

$K_L = c(Mg^{2+}) \cdot c^2(OH^-)$

Da $c(Mg^{2+}) = \frac{1}{2} \cdot c(OH^-)$, folgt:

$K_L = \frac{1}{2} \cdot c(OH^-) \cdot c^2(OH^-) = \frac{1}{2} \cdot c^3(OH^-)$

PR/MWG Hinweis: Zur Berechnung des pH-Wertes muss in diesem Fall $c(Mg^{2+})$ durch $c(OH^-)$ ausgedrückt werden und nicht umgekehrt:

$K_L = \frac{1}{2} \cdot c^3(OH^-)$ **1.**

Aus der Vorgabe $pK_L(Mg(OH)_2) = 11$ ergibt sich

$K_L(Mg(OH)_2) = 10^{-pK_L}\ mol^3 \cdot l^{-3}$

$K_L(Mg(OH)_2) = 10^{-11}\ mol^3 \cdot l^{-3}$ **2.**

2. in **1.** liefert:

$10^{-11}\ mol^3 \cdot l^{-3} = \frac{1}{2} \cdot c^3(OH^-) \quad |\cdot 2$

$c^3(OH^-) = 2 \cdot 10^{-11}\ mol^3 \cdot l^{-3}$

$c(OH^-) = \sqrt[3]{2 \cdot 10^{-11}\ mol^3 \cdot l^{-3}} \quad c(OH^-) = 2{,}71 \cdot 10^{-4}\ mol \cdot l^{-1}$

$pOH = -\lg c(OH^-) = -\lg (2{,}71 \cdot 10^{-4}) = 3{,}57$

Nach $pH + pOH = 14 \rightarrow pH = 14 - pOH$

Also ergibt sich $pH = 14 - 3{,}57 = \underline{\underline{10{,}43}}$

Der pH-Wert einer gesättigten Magnesiumhydroxid-Lösung beträgt 10,43.

Seite 113:

1. **a)** siehe S. 64 **b)** siehe S. 64 Fußnote 1 **c)** siehe S. 64
d) siehe S. 65 **e)** siehe S. 66 **f)** siehe S. 66

2. siehe S. 67ff.

3. **a)** siehe S. 71 **b)** siehe S. 73f. **c)** siehe S. 77f.
d) siehe S. 84 **e)** siehe S. 88 **f)** siehe S. 91
g) siehe S. 102 **h)** siehe S. 106 **i)** siehe S. 111

4. siehe S. 76

5. siehe S. 76f.
Durch starkes Verdünnen kann man eine vollständige Dissoziation einer schwachen Säure erreichen.

6. siehe S. 73f.

7. siehe S. 84ff. PR/MWG

Die aktuelle Oxoniumionen-Konzentration kann durch *p*H-Bestimmung (kolorimetrisch oder potenziometrisch) ermittelt werden.
Es gilt: $c(H_3O^+) = 10^{-pH}$ mol · l^{-1}.

8. siehe S. 76 und S. 78

9. siehe S. 82f.

10. siehe S. 85f.

11. **a)** siehe S. 90 **b)** siehe S. 93 **c)** siehe S. 97

12. **a)** neutral **b)** neutral **c)** basisch
d) sauer **e)** basisch

Vgl. hierzu auch die Tabelle auf S. 101 und entsprechende Erläuterungen auf S. 101f.

13. AgCl, $CaCO_3$, $BaSO_4$
(Hinweis: Schwerlösliche Salze besitzen einen relativ kleinen K_L-Wert.)

14. Überprüfung der elektrischen Leitfähigkeit der Lösung

15. siehe S. 110

16. siehe S. 111

Stichwortverzeichnis